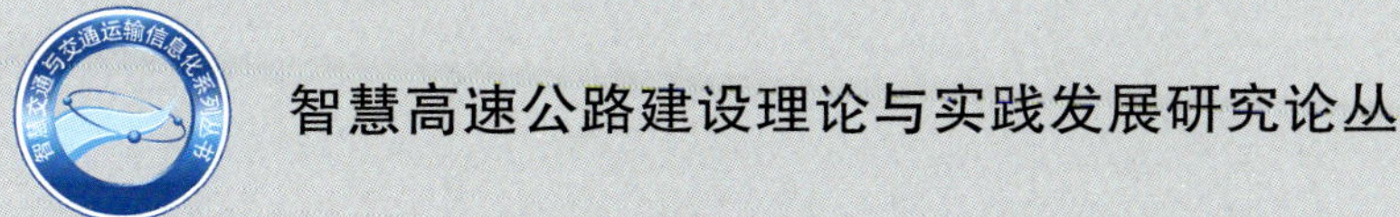

智慧高速公路公众服务平台建设与运营

张　健　崔小龙　曲　栩　冉　斌　编著

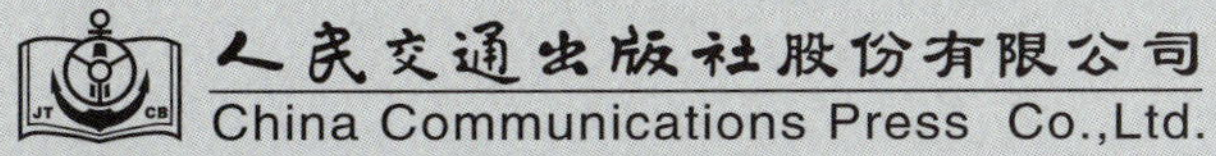

内 容 提 要

本书是《智慧高速公路建设理论与实践发展研究论丛》的重要组成部分，分理论篇与实践篇两大部分。其中，理论篇主要介绍公众服务平台概述、公众服务平台的关键技术、公众服务平台案例分析；实践篇主要介绍江苏省智慧高速公路公众服务平台需求分析和江苏省智慧高速公路公众服务平台设计。

本书可供从事智慧高速公路营运管理、公众服务平台设计及建设等相关工作人员参考。

图书在版编目(CIP)数据

智慧高速公路公众服务平台建设与运营 / 张健等编著. — 北京 : 人民交通出版社股份有限公司, 2017. 9

ISBN 978-7-114-14195-9

Ⅰ. ①智… Ⅱ. ①张… Ⅲ. ①高速公路—公共服务—管理信息系统—中国 Ⅳ. ①U418. 2-39

中国版本图书馆 CIP 数据核字(2017)第 225460 号

智慧高速公路建设理论与实践发展研究论丛

书　　名: 智慧高速公路公众服务平台建设与运营
著 作 者: 张　健　崔小龙　曲　栩　冉　斌
责任编辑: 郭红蕊　韩亚楠
出版发行: 人民交通出版社股份有限公司
地　　址: (100011)北京市朝阳区安定门外外馆斜街 3 号
网　　址: http://www. ccpress. com. cn
销售电话: (010)59757973
总 经 销: 人民交通出版社股份有限公司发行部
经　　销: 各地新华书店
印　　刷: 北京盛通印刷股份有限公司
开　　本: 880 × 1230　1/16
印　　张: 6. 25
字　　数: 172 千
版　　次: 2017 年 9 月　第 1 版
印　　次: 2017 年 9 月　第 1 次印刷
书　　号: ISBN 978-7-114-14195-9
定　　价: 80. 00 元

序言
FOREWORD

经济全球化和社会信息化是当今世界发展的重要标志，继互联网技术之后，物联网、云计算、大数据等技术的迅猛发展，极大地加速了经济全球化和社会信息化的进程，使人们的沟通和联系越来越便捷。信息技术已经深入社会经济活动的各个领域，改变着我们的生活，影响着我们的行为方式。

智慧交通是当今国际交通运输领域的发展前沿之一，它是高新技术在交通领域集成应用的产物。从国内外智慧交通的发展和应用看，其是信息技术与传统产业结合而创造出的新领域，智慧交通既借助新一代信息技术的发展，为提升交通服务水平、实现现代交通运输服务，又为国家战略性新兴产业提供广阔应用环境。新一代信息技术在交通领域的应用，不但使交通服务更加丰富和人性化、使交通运输系统效率更高，还将在信息技术与交通科学技术的交叉点上产生创新。可以说新一代信息技术发展，既为智慧交通发展提供了新动力，也是交通领域加快转变经济发展方式的具体体现。

智慧交通是提升交通运输服务水平的有效途径，也是推动交通运输转型升级的重要支撑。2011 年 6 月，交通运输部出台的《公路水路交通运输“十二五”科技发展规划》（交科技发〔2011〕234 号），明确交通运输科技发展必须紧紧围绕科学发展这一主题、加快转变发展方式这条主线，着力提高创新能力，持续推进科技进步与创新，支撑和引领交通运输科学发展。高速公路是交通运输体系的一个重要组成部分，对国民经济和社会发展起着重要作用。高速公路网作为重要的交通基础网络，加快路网建设、创新发展、提高信息化智能化水平已是大势所趋，许多先进创新成果的应用已成为高速公路路网持续发展提升的核心驱动力。

智慧高速公路是智慧交通发展中的重要环节，其核心在于创新高速公路运行服务的体制机制和商业模式，整合资源、统一平台、共建共享、协同管理、智慧服务。经过近几年的发展，高速公路建设在交通事故应急处置、偷逃通行费防范打击、交通状态实时监测预警、公众出行全方式全方位服务等方面均取得了显著效果。打造智慧高速公路，将加快交通运输行业科技成果的转化，充分发挥科学技术在转变发展方式、发展现代交通运输业中的支撑和引领作用。加大新技术的集成、推广应用和关键技术的研究创新，能够提升高速公路运营与服务智能化信息化水平，切实解决智能化平台营运管理的各种问题，从而实现高速公路运行管理的跨越式发展。这与交通运输部提出的加快推进“四个交通”发展不谋而合。“综合交通是核心，智慧交通是关键，绿色交通是引领，平安交通是基础”。本套论丛对智慧高速公路建设发展的探求，正是“智慧交通”在高速公路领域的实例化体现，是对其深刻学习领悟后的创造性应用成果。

江苏省智慧高速的发展，从高速公路全路网信息化顶层设计、系统架构、数据采集平台、数据中心、指挥调度平台、公众服务平台、决策支持系统、运行维护系统、相关配套工程等多个方面进行了设计与实施建设。《智慧高速公路建设理论与实践发展研究论丛》在对国内外交通信息化智能化建设经验进行充分研究的基础上，结合江苏省高速公路信息化智能化的工程实践经验，分别从高速公路信息化总体工程、数据采集平台、数据中心、公众服务平台、指挥调度平台、运行维护平台等进行了系统分析与深入思考，并从理论分析与工程实践相结合的角度对高速公路信息化系统设计、实施等方面进行全面介绍。丛书提出了高速公路信息化建设的顶层设计思路与总体框架内容，系统阐述了数据中心在高速公路信息化建设过程中的重要位置，详细地介绍了高速公路数据中心、指挥调度系统、公众服务系统、运行维护系统的功能与用途。丛书通过对江苏智慧高速公路这一交通运输部科技示范工程创新成果的凝练以及对信息化智能化建设成果的总结，为全国高速公路信息化智能化建设的推进提供了借鉴与参考。

现代科学技术发展日新月异，新技术应用与交通科技创新相辅相成、相得益彰。智慧高速公路的建设，将进一步丰富智慧交通的发展内涵，打造便捷、高效、绿色、安全的出行环境，推动现代交通运输体系服务水平提升，从而为我国社会主义现代化建设提供有力保障。

中国智能交通协会理事长

吴忠泽

前言
PREFACE

《智慧高速公路公众服务平台建设与运营》是《智慧高速公路建设理论与实践发展研究论丛》系列丛书的重要组成部分，该分册包含理论篇与实践篇两个篇章。

在理论篇中，首先阐述了公众服务平台的定义，接着从类型、服务需求、发布技术、发布模块等方面分析了公众服务平台所涉及的道路交通信息的相关内容，并对国内外公众服务平台的现状进行了介绍；然后从公众服务平台建设与运营的主要内容着手，重点剖析了公众服务平台建设与运营中的关键技术；最后以国内外典型的公众服务平台为例，分析了案例中公众服务平台的主要功能、逻辑结构和系统架构等内容。

在实践篇中，以江苏省智慧高速公众服务平台为例，对其公众服务平台的需求分析过程以及平台总体设计、服务信息管理、卫星定位交通诱导、基于手机的信息互动服务、基于网站的信息服务等子系统设计的全过程进行了详细阐述。以期为今后建设更加精准、便捷、高效的公众服务平台提供有益借鉴。

本书对于高速公路营运管理单位、公众服务平台设计与建设单位均具有重要参考价值，同时为智能交通系统尤其是智慧高速公路系统的建设与管理奠定了理论与实践基础。

作　者

2017 年 5 月

导读

INTRODUCTION

《智慧高速公路建设理论与实践发展研究论丛》系列丛书以高速公路营运管理和公众服务的现代化、信息化和智能化为理论导向，立足江苏省智慧高速公路建设实践，旨在为高速公路营运管理者提供理论和经验借鉴，为智能交通系统理论的研究和实践奠定基础。本丛书共六册，包含《智慧高速公路理论与实践总论》、《智慧高速公路信息采集技术与应用》、《智慧高速公路数据中心建设与运营》、《智慧高速公路指挥调度系统建设与运营》、《智慧高速公路公众服务平台建设与运营》、《智慧高速公路运行维护管理系统建设》，详细阐述了智慧高速公路总体设计原理与建设实践、各重要子平台系统的理论和实践。

《智慧高速公路理论与实践总论》统领本套丛书，率先界定了智慧高速公路的内涵，阐述了智慧高速公路的发展历程，分析了智慧高速公路的服务对象及其需求，明确了智慧高速公路的功能与技术需求。在此基础上，结合江苏省智慧高速建设实践经验，提出了高速公路运营与服务智能化平台的总体架构、系统功能以及技术要求，并概括性介绍了相关建设实施方法。

《智慧高速公路信息采集技术与应用》分上下篇，分别为信息采集理论篇和信息采集实践篇。理论篇包括交通信息的采集对象和交通信息自动化采集方法两部分内容，并对各种采集技术进行了对比分析；实践篇以江苏省高速公路信息化平台信息采集系统为例，从需求分析、系统设计和系统布设原则及方案三个方面进行了全面的阐述，以期为其他省市智慧高速公路信息采集系统的建设提供参考与借鉴。

《智慧高速公路数据中心建设与运营》分上下篇，分别为数据中心理论篇和数据中心实践篇。理论篇包括数据中心的发展历程、经典架构、数据存储、数据挖掘、安全与节能、机房建设等内容；实践篇以我国第一个省级智慧高速公路示范区为例，系统介绍了江苏省高速公路数据中心的建设实践，以期为其他省市智慧高速公路数据中心建设提供参考与借鉴。

《智慧高速公路指挥调度系统建设与运营》分上下篇，分别为指挥调度理论篇和指挥调度实践篇。理论篇对指挥调度平台进行了概述，介绍了平台业务需求和设计架构，描述了指挥调度平台各系统的业务流程、功能等内容；实践篇以江苏省高速公路现有指挥调度业务、系统为切入，介绍了江苏省高速公路联网营运管理中心与各联网成员单位指挥调度平台的相关内容。

《智慧高速公路公众服务平台建设与运营》分上下篇，分别为公众服务平台理论篇和实践篇。理论篇介绍了公众服务平台相关的基本概念，分析了公众服务平台的特点、建设模式、国内外发展现状、分类、体系结构和绩效评估方法，阐述了公众服务平台涉及的通信传输、服务器端等多项关键技术；实践篇通过案例分析，进一步阐述了科技服务、企业、政府、科研机构四类公众服务平台，并重点介绍了针对江苏高速公路公众服务业务需求进行设计的江苏省高速公路公众服务平台的相关内容。

《智慧高速公路运行维护管理系统建设》分上下篇，分别为运行维护管理理论篇和实践篇。理论篇介绍 IT 服务管理、ITIL 等相关理论内容；实践篇结合高速公路营运管理信息系统的独有特点，分析智慧高速公路运行维护管理系统特征和 IT 服务管理需求，探讨面向高速公路运营行业的 IT 服务管理方法，介绍了江苏省高速公路智能化信息平台的运维系统建设方案及相关内容。

在丛书的撰写和出版过程中，得到了众多行业领导、专家、老师们的关心与支持，在此表示衷心的感谢！衷心感谢交通运输部周伟总工程师、赵冲久总工程师，科技司庞松司长、洪晓枫副司长、邹力副巡视员，交通部西部交通建设科技项目管理中心杨新征副主任等领导一直以来对丛书的关心与支持。十分感谢交通运输部路网监测与应急处置中心李作敏主任、李爱民副主任，交通运输部科学研究院王晓曼书记，中国交通通信信息中心岑晏青副主任，交通运输部公路科学研究院总工程师王笑京和 ITS 中心李斌主任对丛书提出的宝贵意见。非常感谢江苏省人大常委会副主任、党组副书记史和平，江苏省交通运输厅游庆仲厅长、金凌副厅长、厅运输管理局蒋振雄局长、科技处王绍坤处长、陆毅副调研员，江苏省经济和信息化委员会信息化推进处赵卫强处长，对丛书写作与出版的支持和帮助。特别感谢江苏交通控股有限公司原董事长杨根林、总经理常青对丛书写作调研工作给予的大力支持。此外，感谢东南大学易红校长、刘京南副书记、王保平副校长、林萍华副校长、浦跃朴副校长、刘波副校长、郑家茂副校长、沈炯副校长、黄大卫副校长、党委宣传部毛惠西部长，东南大学土建交通学部王炜主任，交通学院秦霞书记以及过秀成教授在丛书写作和出版过程中给予的帮助。

在丛书的编写工作中，东南大学物联网交通应用研究中心的何赏璐、纪翔峰、杨彬彬、马春景、李梦甜、尹婷婷等研究生参与了《智慧高速公路理论与实践总论》分册的编写；张维、王浩森、李志伟、余东豪、丁婉婷等研究生参与了《智慧高速公路信息采集技术与应用》分册的编写；纪翔峰、展凤萍、杨彬彬、葛志鹏、余东豪等研究生参与了《智慧高速公路数据中心建设与运营》分册的编写；钟罡、李志伟、张雯靓等研究生参与

了《智慧高速公路指挥调度系统建设与运营》分册的编写；纪翔峰、聂建强、钟罡、杨彬彬、徐凌慧、余东豪、丁婉婷、黄帅凤、张雯靓、陈信超等研究生参与了《智慧高速公路公众服务平台建设与运营》分册的编写；王翀、余东豪、丁婉婷等研究生参与了《智慧高速公路运营维护管理系统建设》分册的编写。借此向所有参与本丛书编写的工作人员表示衷心的感谢！

此外，本丛书参阅了大量国内外相关文献资料，书中未能一一列出，借此也向这些著作和文献资料的原作者们表示衷心的感谢！

目录

CONTENTS

上篇　理　论　篇

下篇　实　践　篇

SHANGPIAN
LILUN PIAN

上篇

理论篇

1 公众服务平台概述

智能交通系统(Intelligent Transportation Systems，简称ITS)已被公认为是解决当前世界范围内的道路拥堵、交通事故频发等交通问题的有效途径。目前，世界上正在发展的ITS技术多种多样，但从其内涵或其核心技术出发，主要包括先进的交通管理系统、先进的交通信息系统、先进的车辆控制系统、先进的公共交通系统以及先进的电子收费系统等五个方向。面向道路交通出行服务的公众服务平台(本书简称为"公众服务平台")，正是先进的交通信息系统中的重要组成部分，它是以电子技术、信息技术和网络技术等先进技术为依托，通过广播、电视、网络和手机等多种媒体方式，向公众尤其是道路使用者提供交通信息服务的平台，它是公众服务在交通领域的推广和应用。

公众服务平台整合道路系统和客运站场管理信息系统的信息资源，以自驾车出行和乘公共交通出行的公众为服务对象，通过互联网、呼叫中心、手机和PDA(掌上电脑)等移动终端以及交通广播、路侧广播、图文电视等显示装置，为出行者提供出行前、出行中以及出行后的出行信息服务。公众服务平台可以为驾车出行者提供路况、突发事件、施工、气象、环境等信息；为乘公共交通出行者提供票务、营运、站务、换乘等信息。由此，出行者可提前安排出行计划，变更出行路线，使出行安全可靠。同时，公众服务平台还可将铁路、民航、旅游、气象等各类相关信息进行整合，从而向公众提供更全面、更便利的出行信息服务。

对于出行者而言，需要的是与交通相关的综合信息服务，包括交通路况信息、交通管制信息、公交信息、轨道交通信息、新建道路信息、道路施工信息、铁路信息、民航信息、天气信息等，而这些信息分别由不同的部门掌握。其中任何一个部门都不具备单独完成向出行者提供综合交通信息服务的能力，只有通过交通信息平台，也就是公众服务平台，才能将分散在各个部门的信息集成在一起，为出行者提供全方位的交通信息服务。

本章首先对交通信息类型进行简要介绍，之后从出行者在各出行阶段对交通信息的需求内容与需求特性两个方面对交通信息服务需求进行介绍，接着从交通信息发布策略、发布方式、服务模式与信息发布模块等四个方面对交通信息发布技术进行阐述，最后介绍国内外典型公众服务平台的发展现状。

1.1 道路交通信息类型

交通信息包含静态交通信息和动态交通信息两类。其中，静态交通信息包括路网分布、收费价格、里程、养护、交通管制、设计车速、通行能力、事故多发时段和路段等信息；动态交通信息包括车流量、突发事件、交通控制信号、动态诱导信息、运行速度等信息[1]。

1)静态交通信息

静态交通信息可分为以下四类：

①通用地理要素：指国家规定的特定比例尺地图上必须描述的地物，具体地物随地图比例尺的不同而各异。

②交通管理要素：指交通管理必不可少的基础交通建设、交通设施等，它包括路网空间分布、道路等级、道路长度、宽度、线形、路面性质及交通信号灯、交通流量检测器、交通违章检测仪等。

③交通管理者：指管理交通管理对象的机关、部门及区域等，包括交通管理警力及其分布、交通管理警区划分、执勤车辆分布等。

④交通管理对象：指交通管理部门负责管理、维护、处理、保障等的各种对象，包括公共交通、交通警卫任务、交通意外事故、党政首脑机关等。

静态交通信息采集技术是指能获得所需的静态信息的手段和方法。在传统交通管理模式中，收集静态信息需要消耗大量的人力和时间，而且难以保证数据的质量和时效。因此，静态交通信息采集应该改变传统模式，利用计算机技术和传感器技术，可以在现场自动采集数据或采用人工—计算机系统结合的方法，将数据采集、录入计算机系统。

2)动态交通信息

动态交通信息主要是指在时间上和空间上不断发生变化的信息，以及在交通管理过程中随交通管理对象的变化而变化的一些信息，主要包括出行分布、路段与路口的车流量、车道占有率、车速拥堵分布及程度、路况视频信息、交通事故信息和GPS巡逻警车信息等动态信息。动态交通信息包括规律性信息和突发性信息，规律性信息指特定条件下规律变化的动态信息流，如道路交通早、中、晚的流量信息等；突发性信息是指交通管理信息可检测但不可预期的交通事件，如交通事故、交通流量的非规律性变化等。

1.2 道路交通信息服务需求

1.2.1 出行者在各出行阶段的信息需求

社会公众在出行的不同阶段对信息服务需求的差异性较大。不同地点、选择不同出行方式的出行者在出行各个阶段对交通状况、气象、路边服务、交通事件、道路施工、收费、公共服务设施、公共服务预定、旅游景点等方面的信息需求均有所不同[1,2]。

1)出行前信息需求

出行前阶段是出行的规划阶段，出行者可以通过出行前的信息服务在出发前查询所需要的交通信息从而选择出发时刻、出行方式，并合理规划路径。同时，出行者在出行前阶段所需要的信息，既包括静态交通信息也包括动态交通信息，如道路的当前状况、备选路径、指定路径行车速度、当前和即将开始的各类交通事件进展、当前及预测的未来天气情况、公共交通路线及费用、途中基础设施分布情况等。

2)出行中信息需求

出行者在出行中所需要的信息服务集中于车辆定位信息、多模式出行规划服务信息、动态路径诱导与导航信息、停车诱导信息四个方面。其中，车辆定位信息使出行者明确自身车辆所处位置；多模式出行规划服务信息提供包括私人小汽车模式、合乘模式等多种模式的地区级信息，辅助出行者进行出行规划；动态路径诱导与导航信息(图1-1)为途中出行者提供路网即时信息，如匝道控制信息(图1-2)、车道管制信息(图1-3)等，或通过提供对交通流进行预测和分析后的预测信息如旅行时间与延误时间(图1-4)等，使其重新调整已规划的路径，从而避开交通拥挤、交通事故路段，节省出行时间，提高出行质量；停车诱导信息通过停车诱导系统与停车场管理系统相结合，以可变、多级信息发布屏为发布载体，为驾驶员提供其目的地附近停车场的具体位置、空余车位、收费标准等相关信息，便于

图1-1 路径诱导信息

图1-2 匝道控制信息

出行者合理选择停车位置，减少迂回行驶带来的交通拥挤和环境污染，并且有助于出行者合理选择换乘地点和换乘方式，规划出行方式和出行路径。

图 1-3　车道管制信息

图 1-4　旅行时间/延误时间信息

以上各方面的出行中信息均包含交通状况信息、气象信息、路边服务信息、交通事件信息、道路工程施工信息、收费站信息等多方面信息，具体需求如表 1-1 所示。

出行交通信息需求内容　　表 1-1

信息类别	主要需求内容
交通状况信息	交通流量、路段占有率、拥挤度、交通事故以及各路段交通管制信息
气象信息	气象部门发布的当前和未来一段时间内的天气情况信息
路边服务信息	路边餐饮、食宿、加油站、停车场、紧急电话等服务信息
交通事件信息	当前交通网络中出现的交通事故及重大事件发生的时间和地点信息
道路工程施工信息	有关规划和突发的道路施工、道路关闭、道路维护等信息
收费站信息	收费站的位置、收费标准等信息

3)个性化信息需求

除了在出行前和出行中需求的交通信息外，出行者也希望获取与出行有关的社会综合服务及设施的相关信息，这些信息包括餐饮服务、停车场、汽车修理厂、医院、警察局等的地址、营业或办公时间等。出行者个性化信息服务需求如表 1-2 所示。

出行者个性化信息服务需求内容　　表 1-2

信息类别	主要需求内容
公共服务设施信息	汽车修理厂、加油站、宾馆等服务设施信息，到达目的地的优化行车路线等信息
公共服务	车票预订、宾馆预订、餐饮预订
旅游景点等信息	当地旅游景点、相关公交车辆、公园、商店和饭店的有关信息

1.2.2　出行者交通信息需求特性

1)不同信息的关注程度

出行者对不同信息的关注程度不同。一项美国调查结果显示，在进行调查三天前更改旅行安排的旅客中，人们最关心的信息是交通事故、行程时间与可替代路线，其比例分别占 48.6%、43.1%、37.5%，关注最少的信息为安全信息、停车公告与特殊事件信息，所占比例分别为 4.2%、8.3% 与 6.9%[3]。具体结果如图 1-5 所示。

2)信息获取途径

调查结果显示，交通广播、手机 App 客户端与高速公路电子显示屏在出行者所获取的交通信息来源中所占比例最高，分别为 54.2%、31.9% 与 26.4%，而来自电子邮件、短信、电话服务、511 出行者信息服务热线等来源的信息则相对较少。具体结果如图 1-6 所示。

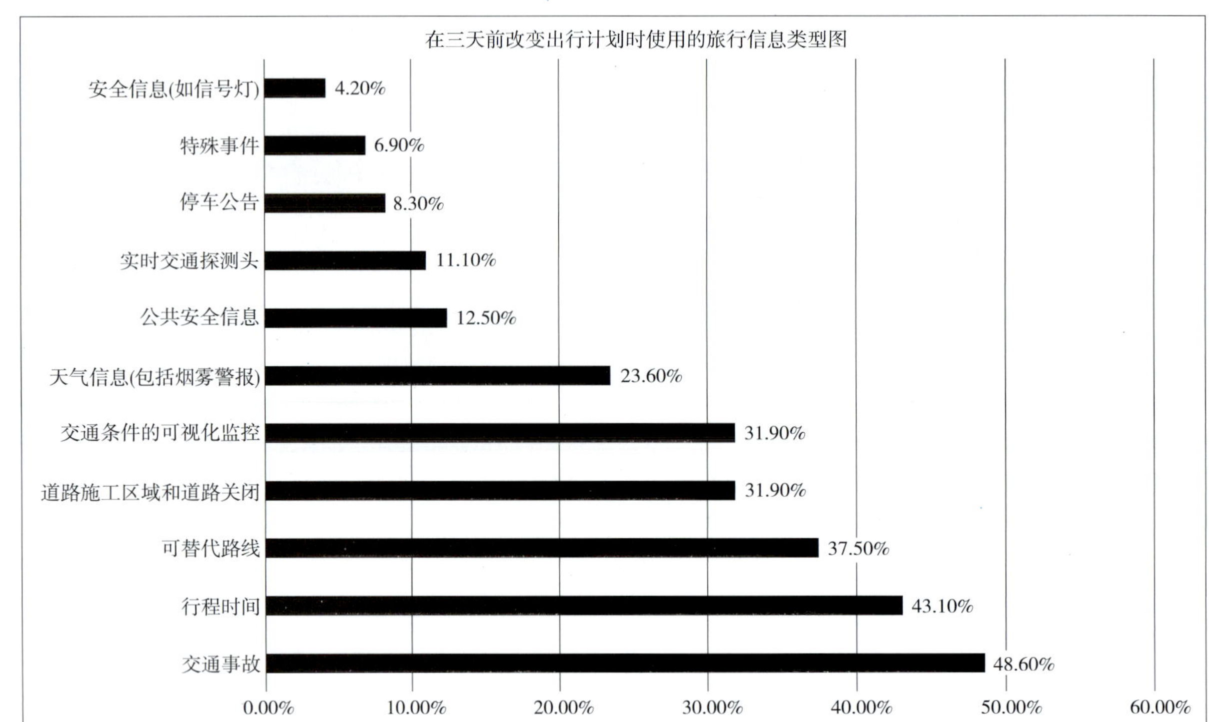

图 1-5　出行者对交通信息的关注程度

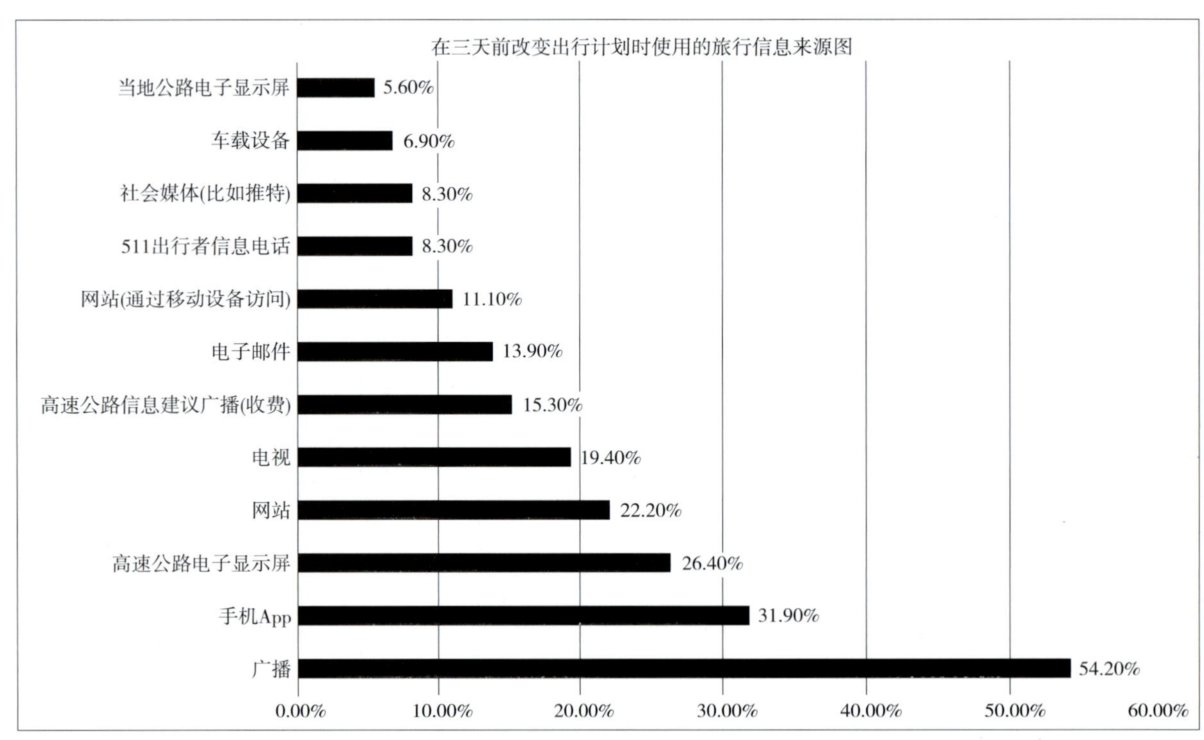

图 1-6　出行者交通信息来源

3) 出行信息对出行行为的影响

驾驶员选择路线大部分是根据自己的经验(约占 64%),当他们对要去的地方不是很熟悉时,主要借助于路边标志及地图[4]。

1.3 道路交通信息发布及服务模式

1.3.1 交通信息发布策略

交通信息在进入交通信息模型之后，需要对其进行加工和处理，然后选取适用的信息发布出去。如何把信息在合适的时间发布出去，或者有选择性地发布给对这些信息需求的人，这是交通信息发布策略的主要内容。交通信息发布策略主要涉及三个方面，分别是发布时机、发布空间以及发布手段[5]。

1）交通信息发布时机

在现实生活中，我们所能获得的与交通有关的信息有着不同的时效性，有些信息是用户出行前需要的，有些信息是在用户出行的过程中需要的，所以，信息发布时机的选择是非常重要的。在城市交通中，一般的出行方式为公交、地铁和自驾出行，可以从信息模型中提取出不同出行方式所需信息，然后对这些信息作出判断。城市交通信息发布时机如表1-3所示。

城市交通信息发布时机　　表1-3

出行方式	发布内容	发布时机
公交	公交线路、预测出行所需时间、发车时刻表、换乘选择、公交站点信息、出行费用以及天气等信息	出行前
	地点信息、换乘方式信息、步行信息、到达下一站时间、交通事件发生地点、事件类型等信息	出行中
地铁	出行路线及换乘信息、预测出行所需时间、出行费用、发车时刻表、站点分布、警告事项公示、天气等信息	出行前
	站点布局引导、乘车方向引导、地点信息、到达下站所需时间等信息	出行中
自驾出行	标志性地点位置、道路基本信息、路网通行状况、历史路况信息、道路维修养护、天气等信息	出行前
	当前路段通行拥堵程度、交通事故、出行时间预测、加油站分布、停车、应急部门位置及联系方式等信息	出行中

而在出行中，由于交通信息不断变化，需要对实时交通信息进行预判，以预判结果为依据，进行信息发布。比如，某路段遇到突发事件，我们可以针对此次突发事件对整个路网其他路段的通行状态做模拟预测，得到路网在未来几个时段内的状态变化，根据路网在不同时间段的状态选择发布时机。如果有些路段只是出现了轻微拥堵，那么只需要对这些路段进行交通拥堵信息的发布；如果有些路段会在半小时之后出现严重拥堵，那么就需要对途经此路段的车辆提前发布拥堵信息；如果有些路段会在一小时后变为拥堵状态，那么可以对一小时后驶入这条路段的出行者采取延迟半小时的发布策略。路网状态的变化瞬息万变，所以对于发布时机的选择还需要考虑其他多种多样的因素，只有经过全方面的考虑后，发布时机的选择才能更加合理。

2）交通信息发布空间

不同的交通信息，适用于不同的路段。有可能一些路段发生的交通事件，只在很小的范围内有影响，此时，关于这个交通事件的信息只需要发送给距离交通事件较近的用户，而完全没有必要发送给影响不到的用户。

交通信息是随场景变化而变化的。通常交通信息会发布于事件发生的地点（发生拥堵、事故、管控等交通事件的路段）以及与事件点直接相连的路段，用户在到达事件点之前可根据收到的信息做出决策。但是由于车辆的流动性及不可控性，交通事件会对整块区域的路网造成影响。所以，当系统给用户推送信息时，假如交通事件的影响程度比较低，那么只需要给事件发生地所在路段以及与此路段直接相连路段上的用户发送交通事件信息；假如交通事件的影响程度比较高，就需要扩大信息发布的范围，依据不同的严重等级给受影响的用户发送交通信息。

从直观的角度来看，路段离事件发生点越远，交通事件对其影响程度越低。但是在交通信息发布过程中，还需要全面地进行分析，不光要考虑距离的因素，还要考虑其他隐藏因素，如对路段车流量重新分流所产生的影响等。

对于那些没有变动的交通信息，可以在出发时就选定路线，得到路线所经过的区域，排除那些不在途经区域的信息，因为用户对那些信息是没有需求的，只发送行驶路线途经区域的信息即可。如果由于交通事件的干扰而更换原行驶路线，所发布的信息内容也要根据新的具体情况做出相应的调整。

3）交通信息发布手段

因为信息最终的接收者为用户，所以必须从用户的角度出发，选择更适合用户的发布手段。对于交通信息发布手段进行选择时，必须考虑以下因素：发布手段的适用环境、发布手段的覆盖范围、信息发送是否具有实效性、信息发送是否有区域性和差别性、信息涵盖领域是否全面、是否支持个性化服务。影响交通信息发布手段选择的因素还有很多，所以在选择合适的发布手段时必须考虑这些因素，只有尽可能地选择符合这些因素的发布手段，才能更好地为用户提供交通信息服务。

1.3.2　交通信息发布方式

公众服务平台在实际应用中通常以广播、电视、网络、手机等媒体方式为使用者提供服务。早期，公众服务平台主要采用广播方式。随着无线通信技术、互联网技术和移动网络技术的飞速发展，公众出行信息服务平台已经由最初的广播发布形式转变成多元的、可选择的公共信息发布形式，并可分为面向出行前用户的发布方式与面向出行前或出行中用户的信息发布方式[1,5-8]。

1）面向出行前用户的发布方式

（1）互联网（网站）

与公众出行相关的所有静态信息以及大部分动态信息都可以通过网站（图 1-7）发布。网站可以提供文本、图像、视频、音频等多种信息形式，使用起来非常直观，可以取得很好的效果。在网站上获得的出行信息，可以通过打印的方式存档，便于出行者在出行过程中随时查看。通过网站上提供的一些小工具，可以提供非常广泛的出行服务，例如网上订票、路径规划、公交换乘查询等。网站还可以提供出行者使用的 BBS 论坛，通过 BBS 论坛出行者可以自主交流出行经验，互相给予出行建议，是非常实用的公众出行交流平台。

图 1-7　互联网出行交通信息发布平台示例

互联网信息发布方式具有以下特点：较低的管理、运用成本；不同的网站及用户可以共享交通信息；与其他系统连接方便，有巨大的扩展空间；用户可自由选择浏览合适的交通信息。

互联网信息发布方式具有信息覆盖面广、信息量大、较强的针对性和交互性、方便直观等优点。缺点是无法有效覆盖大型载货汽车驾驶员，因其长途行驶，往往只在沿途饭店、服务区等地点休息，不具备上网条件，而大货车在整个路网交通流量中所占的比例往往在60%以上。因此，网站丰富的信息主要是提供给驾驶小型车出行的用户。

(2)服务区多媒体

服务区多媒体可以通过电子触摸屏、交互式电视等方式进行信息发布。触摸屏的数据可使用自身静态数据，也可取自交通出行网站。多媒体设备主要分布在各类公共场所，例如车站大厅、邮局、银行、交通部门办公场所等地点。通过多媒体设备，出行者可以通过交互的方式查询出行所需的交通信息。缺点是不能随时随地使用，应用范围受到限制。电缆电视、交互式电视信息发布方式则是通过改造现有的有线电视，使其从单向传输发展为交互式双向传输，使有线电视用户可主动地发出请求，电视台响应请求，发布相关视听信息。服务区多媒体信息港示例如图1-8所示。

图1-8 服务区多媒体信息港示例

2)面向出行前或出行中用户的发布方式

(1)呼叫中心

在交通行业的实际应用中，呼叫中心可按客户的不同分为政府管理者、经营者和普通使用者。通过此系统，客户向座席提出请求，再由座席查出结果，通过语音、电子邮件、传真以及短信等方式反馈给客户，为社会公众提供公众出行交通信息查询、公众出行交通信息咨询、投诉以及汽车救援维修等综合交通信息服务。

呼叫中心的发布方式可分为以下三类：

①基于交换机的呼叫中心，由电话交换机、计算机电话集成服务器、交互式语音应答服务器等组成，但是这种方式建设成本较高，一般的企业无法承担。

②基于板卡的呼叫中心，建设成本低廉、设计灵活，但是系统稳定性难以保证。

③基于网络交换机的呼叫中心，是一种新型的呼叫中心，集合了上述两种呼叫中心的优点。

呼叫中心发布方式具有以下特点：

①提供电脑和人工的语音服务。

②提供 24 小时服务，提高了服务质量。

③结构具有模块化、标准化的特点，方便了系统的升级扩展。

呼叫中心从其互动性上来看具有优势，但其缺点是若不经过推广和宣传，大部分用户，尤其是过境用户不清楚呼叫中心号码和功能；或者考虑到长途话费的因素，不愿意通过呼叫中心获得出行信息。

交通信息服务台示例如图 1-9 所示。

图 1-9　交通信息服务台示例

(2) 可变情报板

可变情报板(图 1-10)适合发布动态信息，如路况、交通事故、道路运行条件以及气象信息等。特别是位于道路上的可变情报板，其所发布的信息可以立刻与前方道路状况相对应，可以起到良好的发布效果。

图 1-10　可变情报板示例

可变情报板主要是将较为严重的交通信息在道路上的设施中直观地显示给用户。这种发布方式可以储存信息，所以如果出现之前有过的情况，操作员可直接调用以前的显示内容。如果出现特殊的情况，操作员也可以实时进行输入后显示。按照安装方式可以分为门架式可变情报板、立柱式可变情报板、悬臂式可变情报板三类。

可变情报板发布方式具有以下特点：

①优良的显示方案，可以对亮度、视角等条件进行检测和调节。

②对环境有较强的适应性，可以防风防雨，充分散热，全天候保持工作。

③每个模块有独立调试功能，便于维护和管理。

(3)传统媒体

传统媒体发布方式一般包含广播电台、电视、报纸等几类。

①广播电台。通过广播电台，交通部门可以把交通路况信息、交通事故信息传达给路上的驾驶员，使他们了解道路通行状况，尽早确定行驶路线。但使用交通广播发布信息的实时性较差，而且用户不能反馈道路上的信息，只能被动接收。中国高速公路交通广播标志见图1-11。

图1-11　中国高速公路交通广播标志

②电视。电视有着极大的覆盖范围，对公众的影响很深，而且它自身有可以直播的特点，一般在交通信息发布方面的应用就是通过直播的方式在移动电视上播报路况信息。

③报纸。报纸有着广泛的受众群，具有信息量大且直观，覆盖范围广的优点。但其缺点也较为明显：信息单向传输，无法提供个性化服务，实时性不强，且更新发布周期较长。

(4)车载终端

车载终端(图1-12)一般包括定位装置和通信装置，如果需要一定的自导航功能，还需要安装车载计算机。出于安防目的和用于车辆调度的车载终端在一些城市的出租车上具有较为广泛的应用，但国内车载导航终端距实现普及应用还有一定距离。车载终端可以发布静态信息和动态信息，可通过文字、图像、语音、动画等形式发布，并可在出行的全过程发挥作用，是功能最强大的信息提供方式之一。

图1-12　车载终端

车载终端的发布方式按车载终端采用的信息传输方式可以分为以下三类：基于GSM(全球移动通信系统)的车载终端、基于GPRS(通用分组无线服务技术)的车载终端以及基于CDMA(码分多址技术)的车载终端。GSM方式的优点是采用的国家和地区较广，支持跨区域使用；缺点是话音质量低，不能支持高速数据和多媒体业务。GPRS方式的优点是实现无线上网，获取交通信息时没有空间位置的限制；缺点是实际网速比较慢。CDMA方式的优点是配置灵活，网络规划简单灵活，扩展简单，建网成本低；缺点是没有统一的标准，为生产商带来了生产困难。

(5)短信服务系统

目前，短信平台是交通信息发布的辅助方式之一，也是未来信息服务的主要方式之一，具有很好的应用前景。短信平台的接入方式主要是Web方式和手机短信方式。公众可以通过Web接入，登录相关网页，定制自己需要的交通信息，网站在收到用户的定制需求后，首先通过数据库服务器对用户进行身份验证，以屏蔽恶意用户；通过身份验证后，向接入服务器和信息服务器提交请求以获得数据；最后，将数据信息、接收方手机信息、用户信息以数据包的形式发送到短信中心接入网关，再由接入网关通过移动网络发送到接收用户手机。公众也可通过手机短信方式接入。

短信服务系统所提供的服务可分为主动方式和被动方式。主动方式中用户主动要求定制或查询自己感兴趣的内容，避免了信息垃圾的产生，同时信息发布中心也能将信息的发布锁定到特定的用户群体，降低了信息发布的成本，提高了信息的利用价值，这种方式主要适用于用户对交通信息的查询；被动方式中用户被迫接收来自短信平台信息中心的短信息。

短信服务平台的功能包括以下几个方面：

①交通信息点播服务，信息中心可以根据用户发送的服务信息需求，将属于这个需求的信息提供给用户。

②交通信息广播服务，短信服务中心免费将信息发送给所有短信业务使用者，这些信息大部分都是政府部门或交通管理部门针对一些特定情况发送的。

③交通信息定制服务，用户在出行过程中定制全程的信息服务，在这段时间内，信息中心将出行过程中所有与交通有关的信息发送到用户的手机上。

短信服务平台发布方式具有以下特点：

①提供 24 小时服务。

②信息的传送有极高的可靠性，而且反馈及时，对象也很明确。

③业务系统的接口都是一致的，所以系统需要加入新的内容时会比较方便。

④平台可以针对用户个人的需求，提供个性化服务。对于用户来说，不同的短信服务方式可以提供不同的服务内容。

(6)移动通信终端

目前，基于移动通信终端的公众服务平台主要以手机客户端(即手机 App，如图 1-13 所示)的形式呈现给使用者。客户端的信息发布功能使政府、企业或其他单位实现了与民众的互动交流。手机公众服务平台在本质上是网络公众服务平台的推广和延伸。手机平台既具备与网站相似的多种公共出行信息供给和交流的能力，又有效利用了手机易携带、操作方便和普及率高等优势，使大量的手机出行者能够实时掌握出行信息，让人们的日常出行更加便捷高效。随着移动通信技术的发展，手机上网变得越来越简单，而智能手机的出现更是让这种技术有了更大的发挥平台，因此智能手机软件行业的发展也进入了一个高速时期。

图 1-13　交通信息查询手机客户端示例

手机 App 发布方式的优势可以总结为以下三点：

①用户获得交通信息不再受到时间和地域的限制。

②能够根据用户所在的位置发送可以影响到用户的信息。

③用户是交通信息的使用者，同时也是交通信息的提供者，因为用户们之间可以进行信息的交流。

随着手机产业的不断发展，智能手机必将取代传统手机，智能手机的用户人数还将持续增长，所以交通信息服务 App 的开发前景较好。而且手机 App 是一种可以获得盈利的模式，由于盈利模式及竞争会促使手机 App 发布信息的方式变得越来越好，越来越人性化。

(7)电子站牌

电子站牌使城市交通中用户乘坐公交时，可以实时了解线路上运营的公交车的位置、状态等信息。

电子站牌按不同数据采集方式，一般可以分为以下三类：

①基于 GPS(全球定位系统)的电子站牌。通过车载 GPS，驾驶员将自己的位置持续地发送到站台上，而站台上的电子站牌将公交的位置状态显示出来，便于乘客实时了解。

②基于 RFID(射频识别)的电子站牌。RFID 是一种利用电子标签的数据采集系统，道路上的 RFID 探测器可以自动采集道路上车辆的信息，传送给信息处理中心，然后再将处理之后的信息显示在电子站牌上。

③基于微波的电子站牌。微波定位本质上是 RFID 的一种，只是利用的波段不同，微波定位具有作用距离长、识别范围大等优点，但是成本较高一些。

不同类型电子站牌服务具有不同特点，表 1-4 从交通信息服务内容、被识别车辆速度、识别范围、成本等几个方面分析了不同类型电子站牌服务的特点。

不同类型电子站牌服务特点　　表 1-4

电子站牌类型	交通信息服务内容	被识别车辆速度	识 别 范 围	成　本
基于 GPS 的电子站牌	出行中公交车服务信息	高	大	高
基于 RFID 的电子站牌	出行中公交车服务信息	低	小	低
基于微波的电子站牌	出行中公交车服务信息	高	中	中

不同群体对于信息发布服务方式的需求各有差异，需要从各种发布方式的特点出发，结合公众出行交通信息服务系统服务对象的广泛性和服务内容的多样性，通过综合多种信息发布方式达到最佳的发布效果。

1.3.3　交通信息服务模式

公众获取交通信息服务的方式主要有两种：接收推送信息与主动查询信息。推送信息服务又可称为推式服务，如可变情报板显示前方道路的路况等信息，就是将信息推送给用户。主动查询服务又可称为拉式服务，如查询客运班次信息是用户主动拉取信息，而在拉式服务中，又分为普通拉式服务和智能化拉式服务，智能化拉式服务就是利用人工智能、神经网络等计算机技术为交通出行者提供智能化的交通信息服务[8]。

1)推送信息服务

目前，大多数交通信息发布方式都属于推送信息式服务，如交通无线广播、电视、可变情报板、车站信息发布屏等，推送的服务信息内容必须是简短、及时、通用的。

2)主动查询服务

(1)普通拉式服务

普通拉式服务是目前应用最广、效率最高的交通信息发布方式，主要有交通网站、呼叫中心、移动通信终端等方式。

(2)智能化拉式服务

智能化拉式服务将神经网络和专家系统相结合，为交通出行者提供智能化的交通信息服务，包括出行方式规划服务、出行决策支持服务等，主要通过网站实现，是未来信息服务发布方式的主要发展趋势。

1.4　道路交通信息发布模块

1.4.1　交通信息发布模块功能分析

交通信息发布模块从功能上可分为三个主要部分，即发布数据的获取、发布数据的处理和数据的对外分发[8]。数据获取部分主要实现从交通信息采集模块或交通信息处理模块中获得用于对外发布的有效数据；发布数据的处理主要实现对显示或发布信息的组织和逻辑表示等处理功能，通过筛选、处理、分类，形成最终的可发布信息；数据的对外分发主要涉及对外接口问题(对外接口工作站以及相应的网络安全与连接设备)，包括与 VMS(可变情报板)、Internet、呼叫中心系统、触摸屏、车载终端等的接口问题。交通信息发布模块功能结构如图 1-14 所示。

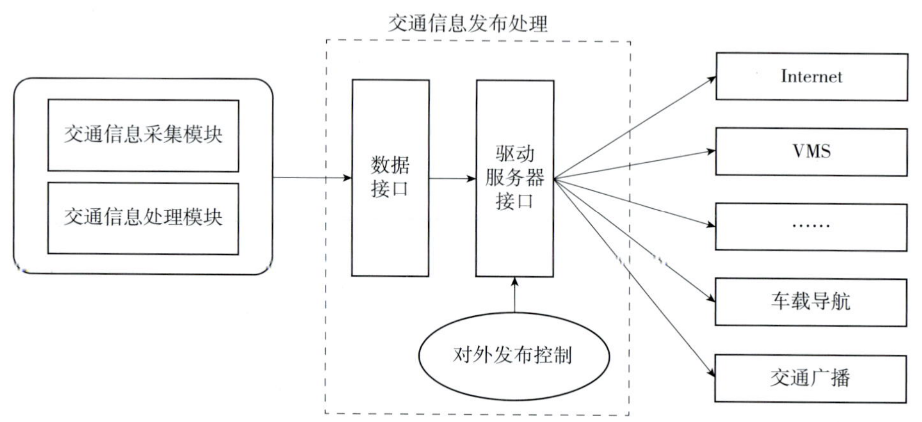

图 1-14　交通信息发布模块功能结构

1.4.2　交通信息发布模块层次结构与总体架构

交通信息发布模块与其他信息发布系统具有相似之处，即适合远程访问、扩展性好、可集中维护，可以采用目前比较流行的 B/S(浏览器/服务器)模式。整个信息发布模块采用三层构架：最上面一层为客户层，主要由网页浏览器组成，用来查看页面信息；中间层是应用层，由地图服务器、Web 服务器和应用服务器组成，地图服务器用来处理地图信息，Web 服务器用来处理动态页面，而应用服务器用来处理逻辑业务；底层是数据库服务器和文件服务器，用来管理系统数据。交通信息发布模块的层次结构如图 1-15 所示。

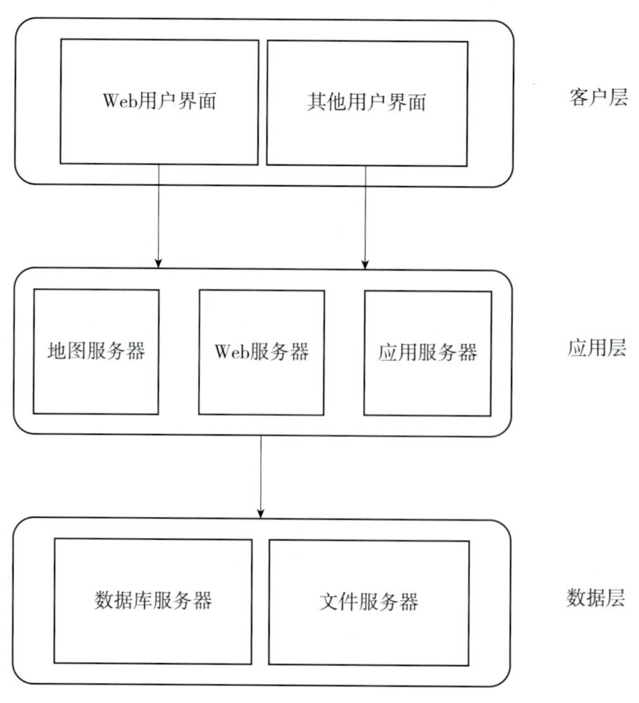

图 1-15　交通信息发布模块层次结构

在集成的网络环境下，不同的用户均可以通过网络获取各类交通信息。网络用户可以按照自己定义的条件，选择需要的交通信息或交通数据字段及数据记录，提交给支持信息发布服务的 Web 服务器。服务器根据用户权限和请求内容，按用户要求，向数据库服务器提交用户访问请求，数据库服务器根据用户请求，查询符合用户查询条件的记录，并返回给 Web 服务器，Web 服务器再将数据传给用户。交通信息发布模块的总体结构见图 1-16。

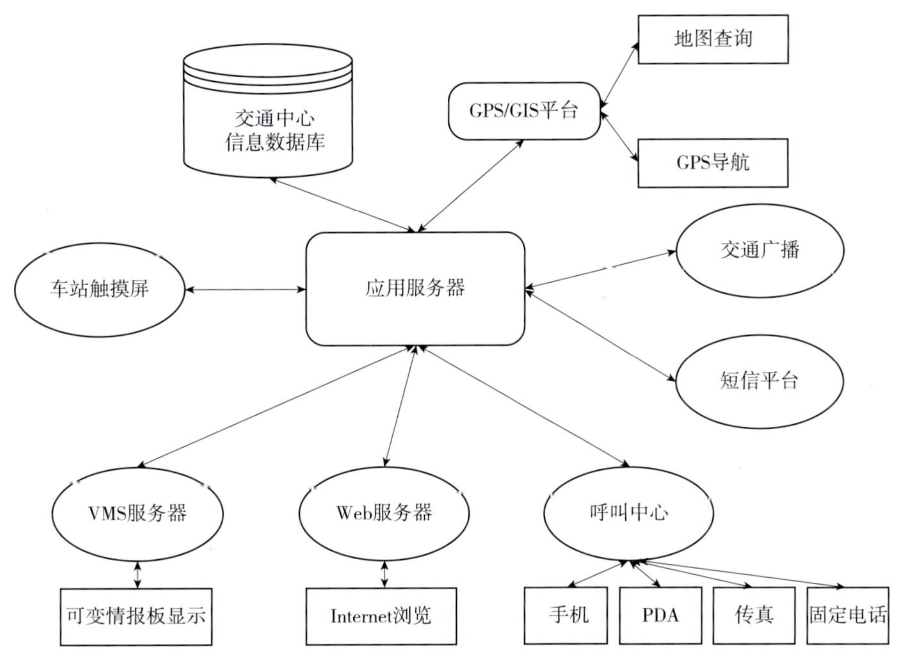

图 1-16　交通信息发布模块总体结构

1.5　公众服务平台的发展现状

1.5.1　国外情况

美国、日本及欧洲等发达国家和地区政府投入了大量精力和资源进行智能交通信息服务的建设，将其作为解决交通拥堵的有效手段。目前，动态交通信息服务在向集成化、平台化方向发展，以提供更加完善的公众服务，从而提高政府的行政效率[9]。

1）美国的公众服务平台

美国的交通出行信息系统发展比较先进，在导航、安全监控系统、车辆不停车收费系统和车辆管理系统等方面发展较为迅速。

（1）交通信息发布与导航服务

美国有 Clear Channel 和 NavTeq 两大商业交通信息服务运营商，这两家公司向全美提供商业交通信息发布和动态导航服务。Clear Channel 广播公司的交通网在 2010 年已拥有 50 万用户，通过 RDS-TMC 发布实时交通信息服务，并为美国的 65 个地区提供 RDS-TMC 服务。而 Clear Channel 的竞争对手 NavTeq 则在美国 49 个大城市通过 RDS 提供交通信息服务[10]。

（2）美国公路高级出行者系统

先进的旅行者信息系统（Advanced Traveler Information Systems，ATIS）能有效地提高公路交通运行效率和安全性能，提高公路运营、管理水平，提高公路服务水平，目前已经成为各区域性交通网络现代化的一个重要特征。在美国 ITS 系统的发展过程中，ATIS 是其中非常重要的一个组成部分，在 ATIS

的实施力度及规模上，美国一直处于世界领先地位。美国自1991年开始，先后进行了多次重要的ATIS试验项目，如ADVANCE(1991年7月~1996年12月)，Trav-Link(1992年9月~1996年8月)和TravInfo(1993年4月~1998年12月)。在发展初期，旅行者信息系统不仅包含政府部门提供的511旅行信息电话服务系统、个性化信息通知系统和动态交通信息指示牌(DMS)等，同时也包括私营公司提供的交通信息服务。随着时代的发展，信息提供也从最初的电台服务发展到如今广泛使用的社交网络、智能手机App、二维码等。

美国ATIS的发展历程分为自发建设、统筹规划、独立实施与联合发展四个阶段[11]。下面将对这四个阶段分别进行介绍：

①自发建设阶段。

20世纪80年代初期至90年代初期，伴随着ITS的发展，许多地区或职能管理部门基于各自的管理需求，建立了相应的交通信息管理系统，主要关注提高管理水平、运输效率，部分涉及为出行者提供信息服务，如：交通管理中心、紧急救援管理系统、收费管理系统、排放污染管理系统等，但这些系统并非严格意义上的出行者信息服务系统。此外，部分地区也着手建立了主要为出行者提供出行信息的相关系统，如可变情报板系统、公路信息广播系统、交通信息商业无线电广播等。在此阶段建设的相关系统，就运营模式而言，多是由政府部门负责筹建、实施、运营；就建设、运营标准而言，也是各自独立。这一发展阶段的特点是：各地区、部门的系统仅围绕本部门业务建立；未进行统筹规划，各系统建设、运营标准不统一；各系统相互独立，且所归属部门不同；多数系统信息服务功能较弱，可提供初级水平的信息服务功能；各系统信息服务对象有限，技术水平相差较大。

②统筹规划阶段。

随着ATIS的发展，各地区自发建设ATIS系统的弊端也越发明显，如各部门、地区所建立的系统间标准不统一、整合困难等，从而对在州级及联邦层面上进行统一规划及标准建设提出了迫切需求。因此，在已完成的系统的经验基础上，20世纪90年代初期至90年代中期，美国联邦及州级层面都开展ATIS相关规划、标准建设的研究，以期规范ATIS的实施、运营。ATIS规划与相关标准的制定均从联邦层面与州级层面两方面进行。ATIS规划在联邦层面体现为美国运输部为满足乡村地区出行者的需求而开展的高级乡村运输系统(Advanced Rural Transportation Systems，ARTS)计划，与美国联邦公路局于1993年支持开展的乡村地区高级出行者信息系统的研究项目。前者主要关注乡村地区的出行者需求，同时与都市圈ITS协同工作，支持与出行者及商务车辆的无缝交互；后者的研究目标是规范在乡村及小城镇地区实施的联邦项目的有关ITS技术，由州及地方政府为ATIS实施提供指导，以满足乡村出行者的信息需求。州级层面则以明尼苏达州最为典型。明尼苏达州于1997年成立ATIS政策委员会及ATIS技术委员会。ATIS技术委员会在政策委员会的指导下，负责州域范围内的ATIS规划，规划确定州域内所有ATIS项目的短期、长期发展目标，其中州运输部可作为领导机构或参与机构。规划主要关注三方面问题：确定ATIS面临的主要问题，首要的是明确私营企业在ATIS实施中的定位问题；确定ATIS相关标准开发的优先权；推荐ATIS实施保障机制，以保障ATIS相关项目、ATIS与其他ITS项目间的正常通信。ATIS相关标准制定工作在ITS相关标准的指导下，与ATIS规划同期开展。在联邦层面，ATIS建设包括设计、实施、通信、运营、维护等各领域。其中，ATIS通信标准采用相应ITS的国家标准，其开发由政府/私营ITS社团协作进行，共分为7个不同的标准开发组织进行开发；对于ATIS运营标准的开发，以可变情报板(Changeable Message Signs，CMS)为例，美国联邦公路局制定了《CMS使用指导方针》《CMS运营手册》《CMS语句手册指导方针》《实时驾驶员信息显示手册》等。除联邦层面的ATIS相关标准外，部分州由州公路管理部门负责，制定适用于本地区的区域性ATIS标准。以CMS标准为例，美国一些州的运输管理部门对CMS的布设位置和相关设计、运营政策进行了研究，并制定了相关手册或标准，如亚利桑那州的《永久性CMS使用指导方针》、科罗拉多州的《CMS指导方针》等。本阶段发展特点是：ATIS的实施由各自为政向统筹规划过渡；政府部门在ATIS的发展过程中起主导作用；ATIS相关规划、标准建设逐步完备，并逐渐用于指导新系统的实施。

③独立实施阶段。

20世纪90年代中期以后，各部门、地区基于在“自发建设阶段”已建成的系统，在州级及联邦级ATIS相关规划的指导下，展开了ATIS相关系统的建设。在本阶段ATIS实施过程中，就实施规模而言，可分为两类：主导实施ATIS的部门内部的系统和区域内跨部门的综合系统。美国公路高级出行者系统大多在此阶段建成。此外，就ATIS的实施主体而言，主要由政府部门负责筹建、实施、运营，但已逐步倾向于政府部门与私营机构展开合作。合作领域多在信息发布领域，最典型的是佛罗里达州的TIRN(Traveler Information Radio Network)，TIRN采用政府与私营机构合作(佛罗里达运输局和TIRN广播公司)的方式，依托19个商业广播电台，建立了覆盖全佛罗里达州的广播系统。这种合作兼顾了运营公司的营利性(一定时间段比例的商业广告)和运输局发布交通相关信息的时效性及分布频率的需求。此外，部分地区合作已拓展到信息采集、信息处理领域。与前两个发展阶段相比，本阶段发展特点为：ATIS各组成系统功能更加完善；基于联邦及所属州级ATIS规划实施；各系统相关建设、运营标准相对而言更加统一；各系统间整合具备了坚实的基础。

④联合发展阶段。

20世纪90年代末期以后，公路交通出行特点为出行距离长，跨区域出行多。为保证交通出行信息的连续性、一致性，以及ATIS系统运营效率最大化，伴随着各部门、地区独立实施的ATIS的逐渐增多，ATIS跨区域、跨部门整合的需求日趋迫切。同时，ATIS联邦级、州级相关规划、标准的建设也为ATIS的整合提供了前提保障。在ATIS联合发展阶段，总体而言有州域/区域内ATIS的整合与州际ATIS的整合两种趋势。州域范围内ATIS整合主要指州域范围内城市地区ATIS与乡村(公路)地区ATIS的整合，此外，亦包括城市群区域性或通道级ATIS的整合。美国针对ATIS的区域性或通道性应用开展了广泛研究，其中典型的是GCM多模式交通信息系统。GCM通道连接了印第安纳州的加里、伊利诺伊州的芝加哥、威斯康星州的密尔沃基三个都市圈，GCM通道项目的目标是通过实施一系列的ITS项目，建立多模式的出行者信息系统，提高通道内公路网的运营效率、保障区域内出行者的信息需求，为其出行的安全、舒适、高效提供保障。GCM项目于1993年启动，受联邦公路局的指导，包括了3个州运输部、16个县级及许多地方交通管理机构。截至目前，GCM项目完成了GCM通道区域ATIS战略规划、框架构建、功能要求分析、综合处理中心的建立以及一系列具体ATIS相关项目。对于州际ATIS的整合而言，除上文所述跨州的区域性或通道级ATIS整合外，另外一种趋势是ATIS在美国全国范围内的无缝整合。典型的例子为美国交通出行信息电话服务系统(511)。与前三个发展阶段相比，本阶段发展特点为：此阶段同样在州级及联邦级相关规划、标准指导下完成；与ATIS第二发展阶段(独立实施阶段)几乎同步开始；各地区除考虑本地区ATIS的独立实施外，更加关注ATIS的整体联动效应；ATIS系统功能进一步完善，技术水平更加先进；在ATIS整合过程中，优先解决管理机制问题；在一定时期内，整合后的ATIS允许不同水平的多种技术并存。

2)日本的公众服务平台

日本的道路交通情报通信系统(Vehicle Information and Communication System，VICS)是实时交通动态信息发布比较成功的一个案例。该系统利用多种平台发布实时的交通动态信息，主要应用在导航系统、安全监测系统、交通疏导系统、车辆管理系统、公共交通系统、车辆应急救援系统等方面。

该系统的主要流程是：都道府县的警察机构和道路管理者先把有关的道路交通信息(包括交通堵塞、驾驶所需时间、交通事故、道路施工、车速、路线限制以及停车场空位等信息)传送到道路交通信息中心，然后再传送到VICS中心，同时其他方面的信息也被汇集到VICS中心，由VICS中心处理加工成便于利用的形式提供给用户。最初，采用的信息服务方式主要有电波信标、光信标和FM多路广播三种。随着具有VICS交通信息接收功能的车载导航设备数量的增加，信息服务方式又增加了车载导航方式。用户通常可以得到三种形式的信息：文字显示、简易图形显示和地图显示。

随着互联网技术和移动网络技术的发展和应用，日本的 VICS 中心开始向手机、掌上电脑、个人电脑和电视接收器等终端提供交通信息，进一步扩大了 VICS 系统的服务范围。VICS 将变成一个多功能、全方位的以交通信息为中心的综合性信息服务平台。

3）欧洲的公众服务平台

欧洲的智能交通研究建设始于 20 世纪 70 年代末到 80 年代初，其发展程度介于日本和美国之间，但覆盖范围较广。目前正在全面开发和应用远程信息处理技术（Telematic），计划在全欧洲建立专门交通（以道路交通为主）无线数据通信网。目前，已经建设了先进的出行信息服务系统和先进的车辆控制系统等系统。

1.5.2　国内情况

1）公众出行信息服务平台

2004 年 10 月，北京市交通委员会联合欧洲智能交通系统协会（ERTITO）等单位启动了欧盟 Asia IT&C 框架下的一个中欧智能交通合作项目——北京市动态交通信息服务示范平台，首次将 RDS-TMC 技术引入我国，并利用 FM 103.9MHz 的副载波，成功进行了实时动态交通信息的广域无线广播发布、接收和导航示范。

为应对社会公众对交通信息的需求，交通运输部组织和推动了各地方的公众出行信息服务系统建设。从 2005 年起，山东省、浙江省、北京市和四川省成都市相继建设实施了交通信息化示范工程“公路公众出行信息服务系统”；2007 年起，交通部又相继启动了包括“公众出行信息服务系统”在内的多个省级“交通信息资源整合与服务工程”的建设，旨在以互联网、热线电话、短信、纸质媒体、高速公路可变情报板等多种方式为自驾车和乘坐长途客运车的出行者提供出行前、出行中的信息服务。与此同时，国内其他相关部门和企业也以各种方式纷纷涉足出行信息服务市场，全国公众出行信息服务系统的建设进入了快速发展期[27]。截至 2009 年年底，已经有江苏、山东、浙江、内蒙古、广东、北京、江西、四川、福建、湖北等省、市建立了公众出行信息服务系统，建设热潮已扩展至省会及省会以下城市。

2）出行信息服务网站

在互联网被用于提供公众出行信息服务的初始阶段，以互联网为载体的公众服务平台一般以铁路局门户网站、高速公路出行信息服务网、公安交管局和公交出行实时查询系统的形式分别为铁路出行、高速公路出行、驾车出行和公共交通方式出行的群众提供出行前、出行中和出行后的交通信息服务，方便不同类型出行者的出行，提高出行效率。

（1）高速公路服务网站

中国高速公路网是行业内最大的门户网站，网站上与高速公路有关的信息丰富，涵盖了全国各条国家高速公路和地方高速公路，包括各高速公路的简介、资讯、地图、视频、服务区和出入口等多种信息。高速公路使用者可以通过该网站获取自己的路线和路况信息，提前获取高速公路的施工和事故情况，也可以查询国家的道路法规和收费政策。可以说，中国高速公路网给高速公路出行者带来了极大的便利[12]。除由中国高速公路网统一发布全国各条高速公路的信息之外，各省纷纷建立了自己的高速公路信息网站。以湖南省高速公路信息服务网为例，该网站向用户提供天气信息、出行常识、行车指南、施工养护等路况信息以及旅游景点简介等；通过登录该网站，使用者可以获取行车路线、实时路况等主要信息，使高速公路出行更加方便高效[13]。

（2）公共交通出行信息网站

公共交通是人们日常出行最重要的交通方式之一。公共交通出行信息网站可以方便人们查询适合自己出行的公交线路和公交站点，对公交到站时间和延误情况也可以有一个比较精确的了解。为方便出行者获取公交信息，各个省市都开设了公交出行信息服务网站。例如，无锡市的巴士信息服务网具有今日新闻、查询服务、巴士社区、便民服务等多个模块的服务功能，为市内公交出行者提供了公交查询和信息交流的平台，使人们的日常出行更加便利，也有利于市内公共交通的长期有效发展[14]。

(3)交通信息服务网

以上几种类型的公共出行信息主要是为某一出行目的出行者提供公共出行信息服务。对于使用多种方式出行的用户，信息的查询、获取过程会非常烦琐，需要登录多个网站并融合相关信息资源。为弥补单种信息资源网站的缺陷，交通信息服务网整合了不同类型的交通出行服务信息，满足群众出行的个性化需求，也使得不同交通方式之间的联系更加密切。例如，武汉交通出行服务网为用户提供了高速出口、轮渡航线、高速路况、公交线路、轨道交通及航班信息等多种交通方式的信息查询服务，满足采用多种出行方式出行用户的多样化出行需求，也加强了不同类型交通方式间的联系和信息交流[15]。

3)网络地图

出行者主要利用网络地图服务等工具获取自己的出行路线信息。国内常用的网络地图服务有百度地图、搜狗地图和高德地图等。其中，百度地图是百度提供的一项网络地图服务，覆盖了国内近400个城市、数千个区县。在百度地图中，用户可以查询街道、商场、楼盘的地理位置，也可以找到附近的所有餐馆、学校、银行、公园等。除普通的电子地图功能之外，百度地图还新增了三维地图的功能。出行者通过驾车方案查询和跨城市驾车查询功能可以获取到达目的地的驾车建议方案，另外通过添加途经点功能则可以快速调整驾车路线，满足个性化需求[16]。

4)手机公众服务平台

(1)手机短信服务系统

1994年10月，中国第一个省级数字移动通信网在广东省开通，标志着中国手机GSM时代的开始。之后，手机增值服务概念在不知不觉中使得手机从单一话音媒介向短信、彩信、图铃以及多媒体视讯等多元化媒介转变[17]。手机不仅能实现“一对一”式的信息互动，还能利用短信中心控制平台或群发软件实现对多部手机同时发送信息，即非正式组织内部纵向下行和大众传播中“一对多”的传播模式，这使手机的功能从单一的人际传播中介向大众传播领域拓展，开始逐步涉足公众服务领域，把面向大众的信息传播作为业务的重要组成部分[18]。手机公众服务平台最初的展现形式是手机公共短信平台。从城市交通信息服务到能源信息服务；从查外汇、航班、车次，到发短信参与节目，从学校的就业信息服务平台[19]到警察破案工具[20]，手机短信平台已经在生活、工作、学习的各个方面得以运用。

(2)手机客户端与微信平台

在智能终端的冲击下，原有的Web软件已不能满足用户的多样化需求。目前，基于手机的公众出行信息服务平台主要以手机App和微信平台两种形式呈现给使用者。客户端的信息发布功能使政府、企业或其他单位实现了与民众的互动交流。以企业为例，企业在手机客户端里不仅可以发布该企业的产品、资讯活动和企业动态等信息，还可以使用消息、评论、分享等互动功能，加强企业与消费者的联系，拉近企业与用户的距离，使企业能够灵活开展品牌活动、扩大企业品牌影响。事实上，网站、手机App和微信平台这三种常用的公众出行服务供给方式是相互联系、相互依存的，很多公众出行信息服务网站都具有与之相配套的手机App和微信端，为手机用户提供出行信息的查询和获取。

北京市交通宣传教育中心开通上线的“绿色出行畅通北京”微信公众号，以移动即时通信传播方式，宣传“绿色出行”理念，推送公共交通出行服务信息，讲解交通政策措施等内容，并积极发布“绿色出行畅通北京”交通宣讲团的活动动态。用户仅需要通过微信查找并关注公众号，即可利用手机、平板电脑等智能移动终端设备随时随地获取相关信息，方便、快捷、有效[21]。

吉林省的公交公众出行信息服务平台以微信、手机App和网站为载体。市民通过关注微信公共号“吉林公交集团”、下载手机App“吉林行”或登录公交集团公司网站，可以查询公交线网布局、公交站点分布等静态信息和线路发车间隔、车辆行驶定位、班次发车时间等动态信息，随时了解自己所要乘坐的公交车的运行位置、距离所乘站点距离等信息[22]。

上海市打造集公交、地铁、停车等功能为一体的“上海交通”综合信息平台，提供综合出行方案。通过“上海公交”App，出行者可实时查询下一班公交车的到站时间；通过上海停车 App，可以轻松找到目的地附近的停车位；通过“乐行上海”App，驾驶员可提前获知城市快速路、高速公路目前的通行状况[23]。

广东交通出行 App 和微信公众号于 2016 年 1 月正式上线。这一平台为出行者提供城际客运出行、轻轨出行、水路客运出行以及高速公路出行等信息，并以智慧综合交通服务平台的角色为旅客提供便利[24]。

5）公路高级出行者系统

从政策、规划层面来看，目前我国 ITS 发展的大背景为公路 ATIS 的实现提供了很好的发展基础，国家及部分省市已进行了公路交通信息化发展规划，为公路 ATIS 的发展提供了宏观指导，如交通运输部的《交通（公路水路）信息化建设指南》、江苏省的《江苏省公路、水路交通信息化“十五”发展规划》和《江苏省交通信息化“十一五”规划研究报告》等规划。从应用层面来看，部分地区已建成了初级的公路 ATIS 应用系统，如大多数高速公路都设有监控中心，布设了环形线圈、闭路电视、天气监测器等设备采集交通信息，并能对信息进行一定的处理，通过商业电台、道路标志等方式发布给出行者。从营运模式来看，虽然商业营运模式还处于初级水平，但已有简单的交通信息代发布功能，如商业电台等。此外，私营机构也在逐渐介入信息服务领域，如现在国内已出现多种车载静态路径导航系统，能提供路径静态导航及多种静态信息的服务功能。这些都为我国公路 ATIS 的发展提供了一定的基础。

但是目前机电设备集中在高速公路上，大多数普通公路机电设备薄弱，为公路 ATIS 的实施带来诸多不利条件。此外，既有的信息采集、处理、发布系统之间相对孤立，各部门间形成“信息孤岛”，尚未建立有效的信息共用平台及保障机制。总体而言，我国的公路 ATIS 存在以下主要问题[11]：

①系统规划方面。目前，虽然有国家 ITS 框架及部分省市的地方性 ITS 框架作指导，但其对具体的公路 ATIS 系统的支持作用毕竟有限。同时，针对特定地区而言，缺乏对区域内公路 ATIS 的实施的统一指导规划（包括区域性的系统架构设计、系统功能要求分析、商业营运计划等）。故各地已建的公路 ATIS 应用系统相对独立，功能良莠不齐，并且未能有效互联、互通。

②标准建设方面。尽管我国 ITS 标准化工作已经启动，但建设成完善的标准体系尚需较长的时间。在此期间，公路 ATIS 各应用系统的建设标准或通信标准会存在不统一的情况，为后期的系统融合带来困难。

③政策、制度方面。目前，我国大部分省市的公路管理有其特殊性，高速公路与普通公路的管辖权分属不同的公路管理部门；此外，公路 ATIS 所需的信息也分别涉及不同的部门。因此，建立区域性协调、统一的公路 ATIS 需要有政府部门相关政策或管理制度的支持。

④公路信息服务水平发展不均衡。我国由于地区经济发展的不平衡，从而导致了各地区公路建设和信息服务水平的差异较大。总体来说，东部地区的公路密度大，机电设备建设较好，对公路出行者发布的信息种类和发布方式较多；而中西部地区公路信息服务则存在一定的差距。此外，我国目前的公路信息服务建设主要集中在高速公路上，而同样承担较大交通负荷的干线一、二级公路的信息化建设程度还很不够。

⑤公路信息服务的水平较低。与公路 ATIS 的建设要求和发达国家的公路信息服务现状相比，我国公路信息服务的总体水平不高，信息发布的手段、方式、种类有限，信息的时效性、可靠性等方面与实际需求相比还存在较大的差距。

2

公众服务平台的关键技术

随着网络技术的不断发展和完善，公众服务平台的开发和应用已经成为当今社会的热门趋势。在这样的潮流驱动之下，公众服务平台的关键技术也备受关注。本章依据公众服务平台的体系结构，对相关的技术进行介绍，包括通信传输关键技术、远程调用关键技术、客户端关键技术和中间件关键技术四个部分。在介绍每一项关键技术时，对其包含的各类技术进行详细阐述。通过这四项关键技术以及其下子技术的有机配合与协调合作，处理、整合、发布现有的丰富的信息资源，使公众服务平台能与大众的日常生活和工作紧密结合，满足公众实时的全方位需求，让人们的生活更加便捷高效。

2.1 通信传输关键技术

互联网传输网络是互联网的末端接入部分。根据互联网的传输介质不同，可以分为以下几种类型。

2.1.1 以太网/宽带/光纤

以太网、宽带网和光纤是互联网的主要接入形式，也是物联网传输的主要通信载体。在物联网网络中，固定终端有接入以太网或宽带条件时，可以通过终端上的以太网接口接入到网络。这种网络继承了以太网和宽带的大数据量和低延迟的优点，可以用于传输大数据量的文件信息和流媒体信息。但这种接入形式，在不便布置以太网和宽带的地方，使用受到限制。

而目前以至于将来一段时间使用最为广泛的光纤(Fiber To The Premise，FTTP)，指的是宽带电信系统，它包括FTTB(Fiber To The Building，光纤到大楼)、FTTH(Fiber To The Home，光纤到户)。它基于光纤电缆并采用光电子将诸如电话三重播放、宽带互联网和电视等多重服务传送给家庭或企业。

FTTP具有25～50Mbps或更高的速度，相比之下，其他类型的宽带服务的最大速度为5～6Mbps。此外，FTTP还支持全对称服务。光纤通信以其独特的抗干扰性、重量轻、容量大等优点被广泛用作信息传输的媒体。

FTTP系统目前有几种不同的架构，但所有的架构都是从光纤终端(Optical Line Terminal，OLT)设备开始。OLT设备通过以太网或ATM等标准网络与Internet和其他系统连接。实际装配中，运营商可以在中心局安装一台OLT设备，在靠近用户的现场再安装一台OLT设备，来提供更长距离的中心局到客户的宽带连接。

大多数FTTP系统在现场使用被动分流技术。光学分流器将FTTP信号分流给多个家庭和企业。在用户场所(企业或家庭)，一台光学网络设备将光信号转换为客户可以使用的多种标准形式。这些标准形式包括以太网(10/100/1000Base-T)、用于传送语音的普通电话服务线路信号和用于传送视频的有线电视信号。

随着千兆以太网上的IP机制变得成熟，各种网络架构继续向IP迁移，更多的FTTP平台将集成以太网技术，以节省成本和运行费用。以太网部件的费用比ATM部件更便宜，可在光纤部署和管理上节省可观的费用，这是推动FTTP网络发展的一个重要因素。FTTP的光接入网是信息高速公路的根本解决方案，是电话、电视、数据业务融合的最后归宿，对推进人类社会信息化将具有划时代的意义。

2.1.2 移动无线网络

通用分组无线服务技术(General Packet Radio Service，GPRS)、码分多址技术(Code Division Multiple Access，CDMA)和第三代移动通信技术(3rd-Generation，3G)是三种曾经广泛使用的移动通信技术。而目前主要采用的第四代移动通信技术(4rd-Generation，4G)集3G与WLAN于一体，能够以100Mbps以上的速度快速传输数据、音频、视频和图像，其速度比目前的家用宽带ADSL快几十倍，并能够满足几乎所有用户对于无线服务的要求。此外，4G可以在数字用户线路(Digital Subscriber Line，DSL)和有线电视调制解调器没有覆盖的地方部署，然后再扩展到整个地区。很明显，4G有着不可比拟的优越性，在很长一段时间内将是公共服务平台的主要应用网络形式。

2.1.3 无线局域网络网络

无线局域网络(Wireless Local Area Networks，WLAN)是以太网、宽带网的末端延伸，属于区域内的无线网络，它既具有以太网、宽带网的优点，又具备 GPRS/CDMA/3G(TD-SCDMA)等网络的部分无线功能，在无线联网中发挥着重要作用。但 WLAN 无线网络应用的范围，既受限于无线路由的信号范围，又受限于以太网、宽带网的接入，因此，一般应用在宽带接入的末端不适宜布线的场合，并作为以太网、宽带网的重要补充。

2.1.4 非对称数字用户环路/调制解调器

非对称数字用户环路(Asymmetric Digital Subscriber Line，ADSL)是调制解调器(Modem)网络的升级形式，在家庭和小型办公区被广泛采用。这种网络的主要特点是实时性好，可为终端分配有效的外部 IP(可以是动态，也可以是静态)，也可以通过路由或交换机供多终端使用。但这种网络速度受限，适合用于传输中等数据量的语音数据和较小数据量的环境参数数据，使用费用因数据量大小而不同。

2.2 远程调用关键技术

2.2.1 Web 服务技术

Web 服务(Web Service)是微软提出的基于互联网的开发模型。Web 服务是基于网络的分布式的模块化组件，它执行特定的任务，遵守具体的技术规范，这些规范使得 Web 服务能与其他兼容的组件进行互操作。Web 服务具体是指由企业发布的完成其特别商务需求的在线应用服务，其他公司或应用软件能够通过 Internet 来访问并使用这项应用服务。Web 服务不是一种框架，而是一种技术；它是一种构建应用程序的普遍模型，可以在任何支持网络通信的操作系统中实施运行；它是一种新的 Web 应用程序分支，是自包含、自描述、模块化的应用，可以发布、定位、通过 Web 调用。Web 服务可以执行从简单请求到复杂商务处理的任何功能。一旦部署以后，其他 Web 服务应用程序可以发现并调用它部署的服务。官方的解释是：Web 服务主要是为了使原来孤立的各站点之间的信息能够相互通信、共享而提出的一种接口。

Web 服务器是指驻留于因特网上某种类型计算机的程序。当 Web 浏览器(客户端)连到服务器上并请求文件时，服务器将处理该请求并将文件发送到该浏览器上，附带的信息会告诉浏览器如何查看该文件(即文件类型)。服务器使用 HTTP(超文本传输协议)进行信息交流，这就是人们常把它们称为 HTTPD 服务器的原因。Web 服务器不仅能够存储信息，还能在用户通过 Web 浏览器提供的信息的基础上运行脚本和程序。

在 UNIX 和 Linux 平台下使用最广泛的免费 HTTP 服务器是 W3C、NCSA 和 Apache 服务器，而 Windows 平台使用 IIS 的 Web 服务器。选择 Web 服务器应考虑的因素有：性能、安全性、日志和统计、虚拟主机、代理服务器、缓冲服务和集成应用程序等，下面介绍几种常用的 Web 服务器：

1)微软 Microsoft IIS

微软的 Web 服务器产品为 Internet Information Server(IIS)，是允许在公共 Intranet 或 Internet 上发布信息的 Web 服务器。IIS 是目前最流行的 Web 服务器产品之一，很多著名的网站都建立在 IIS 平台上。IIS 提供了一个图形界面的管理工具，称为 Internet 服务管理器，可用于监视配置和控制 Internet 服务。IIS 是一种 Web 服务组件，包括 Web 服务器、FTP 服务器、NNTP 服务器和 SMTP 服务器，分别用于网页浏览、文件传输、新闻服务和邮件发送等方面，它使得在网络(包括互联网和局域网)上发布信息成了一件很容易的事。它提供ISAPI(Intranet Server API)作为扩展Web服务器功能的编程接口；同时，它还提供一个Internet数据库连接器，可以实现对数据库的查询和更新。

2)IBM Web Sphere

Web Sphere Application Server是一种功能完善、开放的Web应用程序服务器，是IBM电子商务计划的核心部分。它基于Java应用环境，用于建立、部署和管理Internet和Intranet Web应用程序。这一整套产品进行了扩展，以适应Web应用程序服务器的需要，应用范围从简单到高级直到企业级。

3)BEA Web Logic

BEA Web Logic Server是一种基于标准的多功能Web应用服务器。它的遵从J2EE、面向服务的架构，以及丰富的工具集支持，便于实现业务逻辑、数据和表达的分离，提供开发和部署各种业务驱动应用所必需的底层核心功能。BEA Web Logic Server为构建集成化的企业级应用提供了稳固的基础，它们以Internet的容量和速度，在联网的企业之间共享信息、提交服务，实现协作自动化。

4)iPlanet Application

作为Sun与Netscape联盟产物的iPlanet公司生产的iPlanet Application Server满足最新J2EE规范的要求。它是一种完整的Web服务器应用解决方案，允许企业以便捷的方式开发、部署和管理关键任务Internet应用。该解决方案集高性能、高度可伸缩和高度可用性于一体，可以支持大量的具有多种客户机类型与数据源的事务。iPlanet Application Server的基本核心服务包括事务监控器、多负载平衡选项、对集群和故障转移全面的支持、集成的XML解析器和可扩展格式语言转换(XLST)引擎以及对国际化的全面支持。

5)Internet应用服务器

Internet应用服务器(Oracle Internet Application Server，Oracle iAS)是基于Java的应用服务器。通过与Oracle数据库等产品的结合，Oracle iAS能够满足Internet应用对应用可靠性、可用性和可伸缩性的要求。Oracle iAS最大的优势是其集成性和通用性。在集成性方面，Oracle iAS将业界最流行的HTTP服务器Apache集成到系统中，集成了Apache的Oracle iAS通信服务层可以处理多种客户请求，包括来自Web浏览器、胖客户端和手持设备的请求，并且根据请求的具体内容，将它们分发给不同的应用服务进行处理。在通用性方面，Oracle iAS支持各种业界标准，包括JavaBeans、CORBA、Servlets以及XML标准等。这种对标准的全面支持使得用户很容易将在其他系统平台上开发的应用移植到Oracle平台上。

6)Apache

Apache源于NCSA HTTPD服务器，经过多次修改，成为世界上最流行的Web服务器软件之一。Apache是自由软件，所以不断有人为它开发新的功能、新的特性、修改缺陷。Apache的特点是简单、速度快、性能稳定，并可做代理服务器来使用。本来它只用于小型或试验Internet网络，后来逐步扩充到各种UNIX系统中，尤其对Linux的支持相当完美。Apache是以进程为基础的结构，进程要比线程消耗更多的系统开支，不太适用于多处理器环境。因此在一个Apache Web站点扩容时，通常是增加服务器或扩充群集节点，而不是增加处理器。

到目前为止，Apache仍然是世界上用得最多的Web服务器，世界上很多著名的网站都是Apache的产物。它的成功之处主要在于它的源代码开放、有一支开放的开发队伍、支持跨平台的应用(可以运行在几乎所有的UNIX、Windows、Linux系统平台上)以及它的可移植性等方面。

7)Tomcat

Tomcat是一个开放源代码，运行Servlet和JSP Web应用软件的基于Java的Web应用软件容器。Tomcat是Java Servlet 2.2和JavaServer Pages 1.1技术的标准实现，是基于Apache许可证开发的自由软件。Tomcat使用了JServ的一些代码，特别是Apache服务适配器。随着Catalina Servlet引擎的出现，

Tomcat 第四版的性能得到提升，使得它成为一个值得考虑的 Servlet/JSP 容器。目前许多 Web 服务器都是采用 Tomcat。

2.2.2 位置服务技术

位置服务(Location Based Services，LBS)又称定位服务，是由移动通信网络和卫星定位系统结合在一起提供的一种增值业务。LBS 实质上是一种概念较为宽泛的、与空间位置有关的新型服务业务。它通过定位技术获得移动终端的位置信息(如经纬度坐标数据)，然后将位置信息提供给移动用户本人或他人以及通信系统，实现各种与位置相关的业务。

2004 年，Reichenbacher 将 LBS 服务归纳为五类：定位(个人位置定位)、导航(路径导航)、查询(查询某个人或某个对象)、识别(识别某个人或对象)、事件检查(当出现特殊情况时向相关机构发送带求救或查询的个人位置信息)。从技术的角度，LBS 实际上是多种技术融合的产物，其中最关键的技术是定位技术，即确定某移动设备的位置。目前，定位技术可以分为以下几类：

1)全球定位技术

全球定位系统(Global Positioning System，GPS)起源于 1958 年美国军方的一个项目，1964 年投入使用。20 世纪 70 年代，美国陆海空三军联合研制了新一代卫星定位系统 GPS，主要是为陆海空三大领域提供实时、全天候和全球性的导航服务，并用于情报搜集、核爆监测和应急通信等军事目的。经过 20 余年的研究实验，耗资 300 亿美元，到 1994 年，全球覆盖率高达 98% 的 24 颗 GPS 卫星星座已布设完成。GPS 的精度可以达到五米以下，然而它很难应用于室内环境下(甚至在树下)，并且它属于盲收盲发。此外，GPS 是美国研制出来的，在战时随时有被反利用的可能性。

为了解决 GPS 系统的一些弊端以及国防事业的需求，国内开展了北斗卫星导航系统(BeiDou Navigation Satellite System，BDS)的研制。中国北斗卫星导航系统是中国自行研制的全球卫星导航系统，是继美国全球定位系统(GPS)、俄罗斯格洛纳斯卫星导航系统(GLONASS)之后第三个成熟的卫星导航系统。2012 年 12 月 27 日，北斗系统空间信号接口控制文件正式版 1.0 正式公布，北斗导航业务正式对亚太地区提供无源定位、导航、授时服务。2013 年 12 月 27 日，北斗卫星导航系统正式提供区域服务一周年新闻发布会在国务院新闻办公室新闻发布厅召开，正式发布了《北斗系统公开服务性能规范(1.0 版)》和《北斗系统空间信号接口控制文件(2.0 版)》两个系统文件。2014 年 11 月 23 日，国际海事组织海上安全委员会审议通过了对北斗卫星导航系统认可的航行安全通函，这标志着北斗卫星导航系统正式成为全球无线电导航系统的组成部分，取得面向海事应用的国际合法地位。

2)移动定位技术

移动定位技术(Mobile Position System，MPS)是移动电信运营商将电子地图与定位技术融合，向客户提供一系列与位置信息有关的业务的统称。在第三代移动通信业务中，此业务普遍被认为是移动通信领域最具有发展前景的内容服务业务，被各大运营商所看好。目前基于移动电信技术的定位方法有以下几种：

①时间提前量(TA)定位技术。这种技术基于已经存储在基站(BTS)中并可获知的 TA 参数值来进行定位。在移动设备处于空闲模式时，建立一个特别呼叫(用户不知情)，此呼叫可获得 TA 值，用于扣除基站和移动台之间的传输时延，进而估计基站和移动台之间的距离，结合小区 ID 估计出移动台的位置。该方法既简单又经济，但是由于无线传输的多径效应，TA 定位的精度很低[27]。

②到达角(Angle of Arrival，AOA)定位技术。原理是通过三个或更多 BTS 的位置估算单元(LMS)的相位角度位置。因此，AOA 定位技术的首要条件是基站需装设阵列智能天线。通过天线测出基站与发送信号的移动终端之间的角度，进一步确定两者之间的连线，这样移动终端与两个基站，可分别得到两条连线，其交点即为待测移动终端的位置。这种定位技术的缺点是所需智能天线要求较高，且有定位盲点。

③到达时间(Time of Arrival, TOA)定位技术。该方法的原理是四个以上BTS上的LMU接收移动设备发出的信号，测量信号的到达时间，从而估算移动台的位置。由于LMU的地理坐标已知，移动台的位置可以通过双曲线的三角测量计算得出。该方法要求对靠近移动台的LMU的脉冲的到达时间进行精确测量。

④到达时间偏差(Time Difference of Arrival, TDOA)定位技术。这种技术的原理是移动终端对基站进行监听并测量出信号到达两个基站的时间差，每两个基站得到一个测量值，形成一个双曲线定位区；这样，从3个基站可以得到2个双曲线定位区，求解出它们的交汇点并施以附加条件就可以得到移动终端的确切位置。由于所测量为时间差而非绝对时间，不必满足时间同步的要求，所以TDOA技术备受关注。

⑤观察时间差(Observed Time Difference, OTD)定位技术。该技术利用移动设备发出的脉冲到达附近的BTS的观察时间差、与BTS时钟比对的相对时间差（Relative Time Difference, RTD)以及TDOA估算值得到更精确的估算位置。基于OTD方法的改良技术(E-OTD)是手机根据邻近BTS发出的脉冲到达移动台的增强观察时间差(E-OTD)值的不同，测量出所处位置。这项定位技术定位精度较高，但硬件实现也复杂。

目前，位置服务技术已经较为成熟，正被广泛应用在各行各业。韩国KTF公司于2002年2月利用GPSONE技术成为韩国首家在全国范围内通过移动通信网络向用户提供商用移动定位业务的公司。在LBS业务创新方面，走在世界最前端的是韩国移动运营商。2004年7月，韩国最大的移动运营商SK电讯推出全球首项保障儿童安全的网络定位服务——i-Kids，用来确认孩子当前的位置和活动路径，一旦孩子超出设置的活动范围，就会自动发出报警短信。

在北美地区，加拿大的Bell移动公司成为LBS业务的市场领袖，率先推出了基于位置的娱乐、信息、求助等服务，至2003年12月，Bell的MyFinder业务已占尽市场先机。Bell移动还不断推陈出新，2004年9月，发布全球首款基于GPS的移动游戏Swordfish。该游戏利用移动定位技术，把地球微缩成了一个可测量的鱼塘。相比之下，美国移动运营商开展LBS商用业务活动需受限于E911的要求，因此起初在LBS商业化上没有投入太多精力。据调查，大约2/3的美国用户愿意每月支付费用来获得引导驾驶的方向和位置信息。在市场的驱动下，SprintPCS在2004年9月推出了LBS商用服务，这项针对企业用户的服务选用了微软的地图定位服务器。Nextel则努力将LBS业务融入其数据服务中，并将A-GPS技术应用于其网络，但用户需要使用支持该技术的终端才能享受LBS提供的便利。

在欧洲，虽然运营商广泛应用LBS技术，但市场表现平平。其原因在于：一方面，欧洲运营商的业务内容比较单调，主要是定位与导航业务，缺乏变化；另一方面，欧洲用户对3G数据业务的冷淡也抑制了LBS业务的发展。

在日本，NTTDoCoMo在i-mode套餐中提供了i-Area业务，但仅限于日常信息服务。KDDI则采用GPSOne技术提供高精度的定位服务。该公司基于高通MS-GPS系统开发的EZNaviWalk步行导航应用在日本市场大获成功，成为其与NTTDoCoMo竞争的杀手级应用。除此之外，Secom等虚拟运营商也提供高精度的移动定位服务。

到2008年初，全球支持GPS的手机已经占到手机总销售量的25%以上，GPS相关应用更是五花八门。中国移动在2002年11月首次开通位置服务，如移动梦网品牌的业务“我在哪里”和“找朋友”等；2003年，中国联通推出“定位之星”业务，用户可以在较快的速度下体验下载地图和导航类的复杂服务；随后，中国电信和中国网通也启动在小灵通平台上的位置服务业务。但是由于当时移动通信的带宽很窄、GPS的普及率较低，最重要的是市场需求并不旺盛，所以虽然几家运营商的热情很高，但是整个市场并没有如预期顺利启动，相关产品在之后的很长一段时间内都无人问津。进入2009年，3G位置服务再次吸引了国内运营商及服务商的目光。分析机构对位置服务做出了“2013年将达到80亿美元”的预估。经过数年的发展，国内专业领域的LBS得到一定的发展，出现了像赛格、中国卫通、博观通信这样较大的LBS提供商，也出现了一些比较成熟的应用。例如，博观通信目前不仅是中国移动集团公司位置服务领域指定的提供基于位置技术综合管理平台服务提供商，同时也是中国联通和中国电信的位置服务综合解决方案提供商，为企业外勤业务人员管理和亲友安全关爱提供手机定位方面的各项增值服务。该业务覆盖全国，用户不需要更换手机，就可对移动、联通、电信号码同步定位。

2.3 客户端关键技术

2.3.1 网络服务 API 开发技术

API 是一套由 JavaScript 语言编写的应用程序接口，可在网站中构建功能丰富、交互性强的特定应用，支持 PC 端和移动端进行基于浏览器的应用开发，并支持 HTML 5 应用开发。API 的一个主要功能是提供通用功能集。程序员通过调用 API 函数对应用程序进行开发，可以减轻编程任务。API 同时也是一种中间件，为各种不同平台提供数据共享。

大型的网络服务提供商提供全部 JavaScript API，供第三方调用定制网页功能。如百度地图的 API 能为开发者免费提供一套基于百度地图服务的应用接口，包括 JavaScript API、Web 服务 API、Android SDK、iOS SDK、定位 SDK、车联网 API、LBS 云等多种开发工具与服务，适用于 PC 端、移动端、服务器等多种设备、多种操作系统下的地图应用开发。这些开发工具与服务能提供基本地图展现、搜索、定位、逆/地理编码、路线规划、LBS 云存储与检索等功能。

2.3.2 手机 APP 开发技术

近年来，随着智能手机的流行，手机功能日趋丰富，用户可以根据自己喜好和需求自定义、购买、取消服务项。智能手机平台的各类服务都是通过手机 App 来提供的，App 是英文 Application 的简称，是指智能手机的第三方应用程序。比较著名的 App 商店有 Apple 的 iTunes 商店、Android 的 Android Market、诺基亚的 Ovi Store、Blackberry 的 BlackBerry App World 以及微软的应用商城。一开始，App 只是作为一种第三方应用的合作形式参与互联网商业活动。随着互联网开放化程度的提高，App 作为一种萌生于 iPhone 的盈利模式开始被更多的互联网商业大亨看重，如淘宝开放平台、腾讯的微博开发平台以及百度的百度应用平台。

目前，主流的手机平台有 iOS、Andriod、Windows Phone 等。程序比较多的是前两款平台。各平台有各自的 App 格式：苹果 iOS 系统的 App 格式有 ipa、pxl 和 deb；安卓系统的 App 为 apk 格式；微软 Windows Phone 7、Windows Phone 8 系统的 App 格式为 xap。

2.4 中间件关键技术

2.4.1 概述

中间件(Middleware)是与操作系统、数据库并列的 3 大基础软件之一。顾名思义，中间件是处于操作系统软件与用户应用软件之间的中间软件。中间件在操作系统、网络和数据库的上层，应用软件的下层，其作用是为位于自己上层的应用软件提供运行与开发的环境，帮助用户灵活、高效地开发和集成复杂的应用软件。在众多关于中间件的定义中，比较普遍被接受的是 IDC 的定义：中间件是一种独立的系统软件或服务程序，分布式应用软件借助这种软件在不同的技术之间共享资源，中间件位于客户机服务器的操作系统之上，管理计算资源和网络通信。IDC 对中间件的定义表明：中间件是一类软件，而非一种软件；中间件不仅仅实现互联，还要实现应用之间的互操作；中间件是基于分布式处理的软件，最突出的特点是其网络通信功能。

最早具有中间件技术思想及功能的软件是 IBM 的 CICS，但由于 CICS 不是分布式环境的产物，因此人们一般把 Tuxedo 作为第一个严格意义上的中间件产品。Tuxedo 是于 1984 年在当时属于 AT&T 的贝尔实验室开发完成的。但由于分布式处理当时并没有在商业上应用，Tuxedo 在很长一段时期里只是实验室产品。后来 Tuxedo 被 Novell 收购，1995 年又被当时刚成立的 BEA 公司收购。收购 Tuxedo 后的 BEA 公司成为第一个真正的中间件厂商。IBM 的中间件 MQSeries 是 20 世纪 90 年代的产品，许多其他中间件产品也都是在 20 世纪末才成熟起来的。

网络应用中间件逐渐在基础中间件、应用中间件、应用框架等三个层面形成激烈的市场竞争格局。从三个方面的产品分析，国外厂商仍然占主导地位，主流厂商包括 IBM、BEA、Oracle、HP、Iona 等，一些新兴的中间件公司，如 Tibco、webMethod、Vitria 也开始携其应用集成中间件或业务流程管理中间件进入中国市场。而国内一些规模较大的软件公司也开始进入此领域，形成了包括中创软件商用中间件、金蝶 Apusic、东方通科技、中关村科技、北京汇金科技、中和威等在内的一批中间件专业厂商，东软、用友、信雅达等应用集成商也大量投入中间件产品的研发。国产中间件已经形成了比较完整的产品体系，例如，中创软件、中和威推出了基于 CORBA 标准的通信中间件产品；中创软件、金蝶软件、东方通技、北京汇金科技等公司分别推出了遵循 J2EE 规范的应用服务器产品；中创软件、中科院软件所、东方通科技、北京汇金科技推出了消息中间件产品；中创软件推出了符合 OMG 标准的企业应用集成套件 InforEAI。此外，还有大量的公司投入到中间件开发平台和构件库的建设中。国产中间件已经广泛成功应用于我国政府、交通、金融、证券、保险、税务、电信、教育、军事等行业或领域的信息化建设，并成为大型应用系统建设不可缺少的一环。

2.4.2 中间件的分类

根据中间件的功能以及运行环境的不同，可将中间件分为以下几种。

1）消息中间件

消息中间件（Message Orient Middleware，MOM）的主要功能是将数据从一个应用程序发送到另一个应用程序。它负责建立网络通信的通道，进行数据的可靠传送，保证数据不重发、不丢失。消息中间件的一个特点是可以实现跨平台操作，为不同操作系统上的应用软件集成提供数据传送服务。它适用于进行非实时的数据交换，如银行间结算数据的传送。主要的产品有：IBM MQSeries BEA、MessageQ BEA、Tuxedo/Q 和 MicroSoft MSMQ 等。

2）交易中间件

交易中间件（Transaction Processing，TP）和消息中间件一样具有跨平台、跨网络的能力。它的主要功能是管理分布于不同计算机的数据，使不同计算机上的数据一致，协调数据库处理分布式事务，保障整个系统的性能和可靠性。交易中间件所遵循的主要标准是 x/open dtp 模型。它适用于联机交易处理系统，如银行的 ATM 系统、电信的计费营收系统。主要产品有：BEA TUXEDO、IBM CICS 等。

3）对象中间件

对象中间件（Object Momitor）具有和交易中间件相同的功能，两者的区别在于对象中间件是按面向对象的模式来组织体系结构的。在线电子交易很适合采用这种中间件类型，因为该类型的应用会被频繁修改，面向对象的体系结构可以保持足够的弹性来应付这种频繁的改动。对象中间件的构造需基于对象请求代理（Object Request Brokers，ORBs），目前有 CORBA、EJB 和 COM + 等三种对象请求代理体系结构，构造对象中间件会选用三者中的某一种体系结构。主要产品如：Borland VisiBroker、MicroSoft Transaction Server、IONA Orbix、IBM Component Broker。

4）应用服务器

应用服务器是指通过各种协议把商业逻辑暴露给客户端的程序，它提供访问商业逻辑的途径供客户端应用程序使用。应用服务器使用商业逻辑就如同调用对象的一个方法一样。简单地说，能实现动态网页技术的服务器就叫作 Web 应用服务器。应用服务器(Application Server)主要用于构造基于 Web 的应用，是企业实施电子商务的基础平台。应用服务器一般基于 J2EE 体系结构，能够让网络应用的开发、部署、管理变得更加容易，使开发人员专注于业务逻辑。目前，主要的产品有 BEA Weblogic、IBM Webspere、Borland AppServer 等。此外，还有一些开放源代码的 J2EE 应用服务器，如 JBOSS 等。

5)企业级应用集成

企业级应用集成(Enterprise Application Intergration，EAI)有利于大型企业内部多种计算机应用系统的有效整合，使它们之间能够互相访问，实现互操作。EAI 所提供的上层开发工具是 EAI 和其他中间件最大的区别，它允许用户自定义商业逻辑并使数据对象自动符合这些规则。EAI 的典型用户是巨型企业的大量应用系统，主要的产品有 BEA ELINK、BEA WLI 等。

6)安全中间件

近几年，随着互联网的发展，信息安全越来越受到普遍关注，安全中间件(Security Middlewares)也应运而生。安全中间件是以公钥基础设施(PKI)为核心、建立在一系列相关国际安全标准之上的一个开放式应用开发平台，向上为应用系统提供开发接口，向下提供统一的密码算法接口和各种 IC 卡、安全芯片等设备的驱动接口。主要产品有 ENTRUST Entrus、东方通科技 Tongsec 等。

2.4.3 实现中间件的关键技术

1)微软的 COM/DCOM 与 .NET

COM(Component Object Model)是微软 1993 年提出的组件式软件平台，用做进程间通信(Inter-Process Communication，IPC)和组件式软件的开发平台。COM 可以提供与编程语言无关的方法来实现一个软件对象，因此它可以在不同环境中运行。COM 要求软件组件必须遵照一个共同的接口，但该接口与实现无关，因此可以隐藏实现属性，并且可以在不知道其内部实现的情形下被其他对象正确地使用。

COM 难以实现网络上两台计算机间的协调和调用，所以 COM 被看作是一个组件体系结构，而不是一个远程体系结构。于是 COM 的网络延伸版本——DCOM(Distributed COM)就此产生。DCOM 是一套基于 RPC 机制的 COM 技术扩展，它使得 COM 对象具有分布式功能，保证 COM 组件可以在网络环境下持续提供服务。

到了 .NET 阶段，跨计算机的问题同样也需要对应的技术进行处理。.NET Remoting 就是一个对应于 DCOM 的技术，它让位于不同应用程序域(App Domain，一个 .NET 中的新概念)、不同执行程序以及不同计算机上的对象能够顺畅地进行沟通协作。

2)SUN 的 EJB/J2EE

Java EE(J2EE)中间件技术以构件化为主要特点，主要目标是简化分布式应用的开发，具有开发时间快、成本低、易扩展的特性。J2EE 集成了大量技术，不但为应用提供多种功能，还提供了多种完善的服务，如事务服务和安全服务。

EJB(EnterpriseJava Bean)是 SUN 的 J2EE 服务器端组件模型，定义了一个用于开发基于组件的企业多重应用程序的标准。其特点包括网络服务支持和核心开发工具(SDK)，设计目标与核心应用是部署分布式应用程序。凭借 Java 跨平台的优势，用 EJB 技术部署的分布式系统可以不限于特定的平台。在 J2EE 中，EJB 被称为 Java 企业 Bean，是 Java 的核心代码，包括会话 Bean(Session Bean)、实体 Bean(Entity Bean)和消息驱动 Bean(Message Driven Bean)。

3)OMG 的 COBAR/OMA

公共对象请求代理体系结构(Common Object Request Broker Architecture，CORBA)是由对象管理组织(OMG)组织制订的一种标准的面向对象的应用程序体系规范，或者说 CORBA 是 OMG 为解决分布式处理环境(DCE)中硬件和软件系统的互联而提出的一种解决方案。CORBA 提供了跨语言、跨平台、跨开发商的互操作性。因此，许多开发商在大多数硬件平台上实现了 CORBA 规范，该技术已经成为目前使用的主流分布对象技术。

OMG 组织成立后不久就制订了对象管理体系结构(Object Management Architecture，OMA)参考模型。OMA 是比 CORBA 更高一层的概念，它定义了一种体系结构，在 OMA 之上可以用任何方法来实现，CORBA 只是其中的一种实现方案。总体来说，该模型描述了 OMG 规范所遵循的概念化的基础结构。

OMA 由对象请求代理(Object Request Broker，ORB)、对象服务、公共设施、域接口和应用接口等部分组成，其核心部分是 ORB。ORB 提供了对象可以透明地发出请求和接收响应的机制。分布的、可以互操作的对象可以利用 ORB 构造可以互操作的应用。对象服务是为使用和实现对象而提供的基本服务集合；公共设施是向终端用户应用程序提供的一组共享服务接口；域接口是为应用领域服务而提供的接口；应用接口是由开发商提供的产品，用于它们的接口。

3 公众服务平台案例分析

交通公众服务平台是公众服务平台在交通行业的扩展应用。平台的发展目标是为出行者提供实时、准确的出行信息，具体包括为驾车出行者提供的交通状况、突发事故、施工区等信息以及为公共交通方式出行者提供的票务、营运、换乘等信息。此外，部分平台还将铁路、民航的相关信息进行了整合，以提供更全面贴心的服务。

为更加全面深刻地了解公众服务平台的特点，本章以国内外公众服务平台为例，分析案例中公众服务平台的主要功能、逻辑结构和系统架构等，为建设更加精准、便捷、高效的公众服务平台提供借鉴。

3.1 国外典型公众服务平台案例

国外的公众服务平台发展较早，在交通信息采集、处理、传输等领域开展了诸多的研究和试验工作，并取得较好的成果。

3.1.1 美国纽约州511旅行信息电话服务系统

美国的交通信息服务系统已经覆盖全国，实现了不同交通运输方式之间的信息共享，具有代表性的是511旅行信息服务系统[25,26]。1999年3月8日，美国交通部(USDOT)向联邦通信委员会(FCC)提出请求，要求指定一个三位数的旅行信息电话号码。2000年7月21日，FCC指定511为全国性的交通信息服务号码。虽然FCC指定了统一的服务号码，但没有对具体的建设标准提出要求，各州511旅行信息电话服务系统是由本州的交通部建设的，所以每个州的511系统提供的服务也不尽相同。截止到2008年，美国已经有40个州部署了511系统，加拿大也在部署511系统。下面以美国纽约州的511旅行信息服务系统为例，对其功能进行介绍。

纽约州511系统针对普通公众、商业部门和运输系统运营商，利用TRANSCOM区域的建筑数据库和现有的同类数据库中的信息，整合多种旅行模式，为用户提供统一的区域性最新信息。图3-1是纽约州511旅行信息电话服务系统的数据来源图。

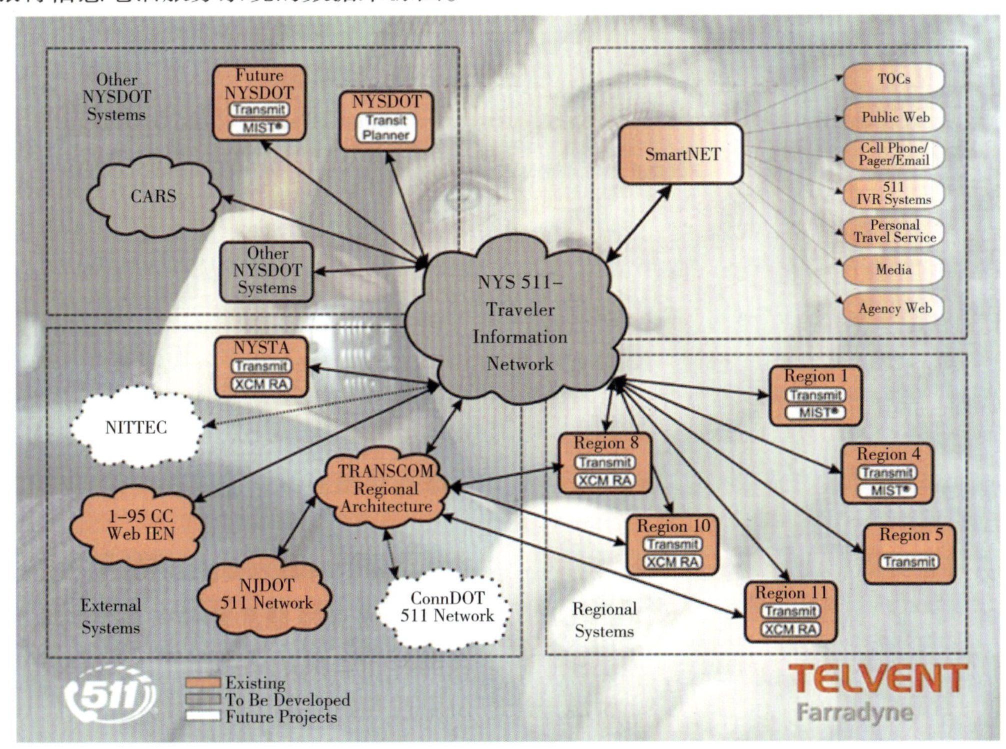

图3-1 纽约州511旅行信息电话服务系统数据来源图

纽约州511系统主要有三大重要组成部分，分别是互动式语音应答电话系统、门户网站和电子通知系统。

1）互动式语音应答电话系统

互动式语音应答（Interactive Voice Response，IVR）电话系统是纽约州511系统的一大特色。为了使驾驶员在驾车的同时可以安全使用交通信息系统，在电话系统中加入Nuance语音识别技术。其菜单结构使用TRANSCOM的区域架构数据库进行驱动，该数据库包括了29个城市地铁NYC/LI和新泽西北部地区的所有事件和事件数据，除了可以提供事故报告，还为用户提供呼叫转移功能。该系统将纽约州分为九个呼叫区域，并为每一个呼叫区域指定了专门的子系统。

2）网站

相较于IVR电话系统，纽约州511系统门户网站可以提供更全面的交通信息，包括交通条件（事故，施工，交通视频，速度，天气）、过境条件（事故，施工），可以为出行者提供多功能过境旅行计划和乘车共享机会。此外该网站还贴心地提供了一些旅游链接（CVO，骑自行车等），如图3-2所示。

图3-2　511系统门户网站

如图3-3所示，在多功能过境旅行计划部分，用户确定出发地点、到达地点以及出发时间，并选择旅行模式，网站就会给出合乎用户需求的路线计划。

3）电子通知系统

此外，纽约511系统还在2008年5月率先推出以MTA电子通知系统为特色的TransAlert系统，到2009年已经在整个纽约州部署完毕。使用方式是用户登录该系统后，系统会根据用户预先设置的参数提供交通信息通知。系统发出通知的触发条件包括车辆是否进入预定的路线、特定的时间和事件的严重程度等。系统会将通知发送到用户指定的E-mail邮箱上。该系统可以为用户提供方便快捷的提醒通知。

纽约511系统能成功运作，主要是因为整个工作团体分为三个主体，各部分各司其职。NYSDOT总部制定和实施511系统的政策和导则，提供质量保证和培训支持；Telvent进行系统设计，完成系统的具体操作支持，并维护和发展系统功能；交通管理中心进行及时的高质量数据收集工作并发布交通信息。

除了纽约州之外，美国大多数州也部署了类似的511系统，这些系统大多数都提供了类似的基础服务：交通事故和道理施工的自动化实时信息。有些州的511系统能够像纽约州511系统一样提供运输、天气和拼车等信息。图3-4为当前美国各州511系统的部署情况。

图 3-3　多功能过境旅行计划页面

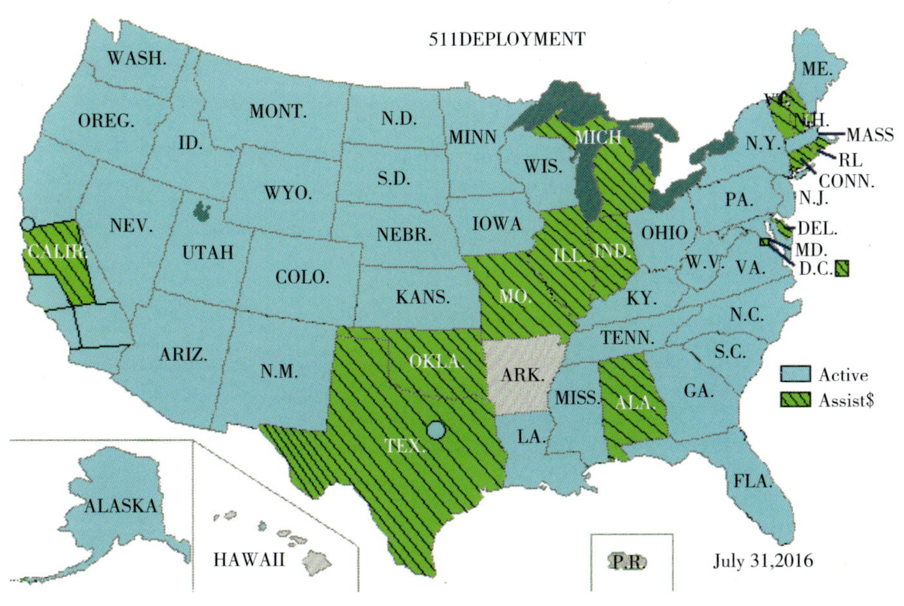

图 3-4　美国 511 系统部署图

未来，511 系统将会成为一个美国全国范围以用户为导向的多模式旅行信息服务系统。通过本地部署的互操作系统，用户不仅可以利用电话，还可以使用其他通信设备得到交通出行信息，从而建设一个更安全、更可靠和更高效的运输系统。

3.1.2　美国加里—芝加哥—密尔沃基地区多模式出行信息系统

美国加里—芝加哥—密尔沃基地区多模式出行信息系统简称为 GCM（Gary-Chicago-Milwaukee）

GATEWAY 出行信息系统。该系统位于芝加哥城区西部，由美国运输部(US Department of Transportation，USDOT)资助，是旨在提升地面运输多式联运效率的四个国家项目之一，覆盖伊利诺斯、印第安纳和威斯康星州超过 2500 平方公里的土地和 1000 多万人口。GCM GATEWAY 的主要功能是收集、组织和发布旅行时间、道路建设与维护、交通事故、天气状况以及其他信息等，所有的信息面向用户实时提供，用户可以在互联网上方便地访问。信息通过 GATEWAY 的交换，同时提供给政府、运输服务运营者以及其他公共旅行信息机构[27]。

在系统网络结构上，GCM GATEWAY 采用混合型分布式配置，通过位于三个地区的三个交换网关进行互联，中心网关位于芝加哥交通运输部(DOT)的交通通信中心，在每个网关之下，有来自各个子网、各个道路监测点的下级接入点。在系统逻辑结构上，GCM GATEWAY 分为数据采集、中心处理和数据发布三大部分，数据采集自各个网关下的道路监测点、气象站、事故现场、运输机构等，采集的手段多样，包括网上交换、传真等。

GCM GATEWAY 的特色是其实时性、公共性和开放的技术标准。GCM GATEWAY 通过多个可扩展数据计算能力、通信能力和数据存储能力的服务器、客户机与网关组成的群组，形成实时信息收集、处理和海量存储、款待访问的能力，由此向用户提供了一个复杂的、集成的、多模式的运输信息和管理系统，满足了 GCM GATEWAY 走廊范围的公众、旅行者、运营者和相关管理机构的需要。

GCM GATEWAY 十个子系统及其功能如下：

①数据来源接口子系统(Data Source Interface Subsystem，DSI)。其主要功能是与外部数据来源系统连接，在接收数据后过滤不相关的数据，将数据转化为标准格式并发送给中心网站。

②数据采集子系统(Data Acquisition Subsystem，DAQ)。其主要功能是接收来自 DSI 的数据，并且将其传递给 DVF 以进行下一步的处理。

③数据验证和融合子系统(Data Validation and Fusion Subsystem，DVF)。其主要功能是验证来自不同信息源的各种时空数据，进行交通状态分析，将数据保存在数据库中并发送给数据传播子系统(Data Distribution Subsystem，DDS)。其中数据验证包括简单的合理性检验和复杂的位置及一致性检验。此子系统保证了传播数据的精确性、综合性和及时性。

④存储子系统(Data Storage Subsystem，DSS)。其主要功能是管理和方便其他子系统、数据库和数据库管理系统之间的交互。除了一般的数据库功能，GCM GATEWAY 的数据库还具有地理信息系统(GIS)的功能。

⑤数据传播子系统(Data Distribution Subsystem，DDS)。其主要功能是将经验证和融合过的数据传送给其他子系统以及外部系统。

⑥网页服务子系统(Web Server Subsystem，WSS)。其主要功能是在 Gateway 网站(图 3-5)上创建各种网页以提供图片和文字信息。

⑦监测、记录、通知子系统(Monitoring，Logging，Notification Subsystem，MLN)。其主要功能是监测和记录系统状态，当系统发生故障时及时采取行动，并将异常情况通知给相关人员。

⑧安全子系统(Security Subsystem，SS)。系统的安全包括四方面：加密、鉴定、授权和审计。其中，加密确保数据的隐私性，保证无人可以窃听；鉴定确保只有特定的用户才能使用系统；授权确保用户只能使用系统中经允许的部分；审计允许追踪使用者的行为。SS 的主要功能是鉴定和授权。

⑨管理子系统(Administration Subsystem，ADM)。其主要功能是提供能完成管理任务的工具和设备，如使用者管理、系统备份和修复、系统记录管理等。

⑩图示用户界面子系统(Graphical User Interface Subsystem，GUI)。其主要功能是提供便于用户操作的图示界面来完成输入、列表、更新或取消交通事件，监测交通状态及交通事件，进行基础的系统管理，监测系统运行情况等操作。

GCM GATEWAY 系统的架构如图 3-6 所示。

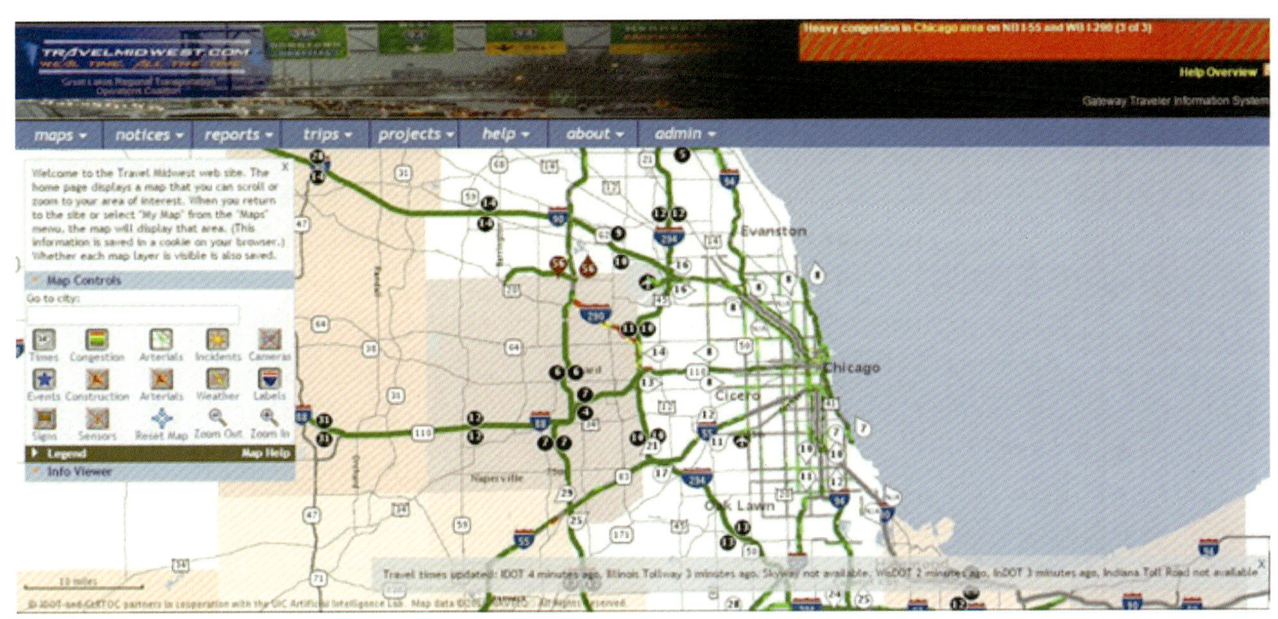

图 3-5　GCM GATEWAY 网站服务界面

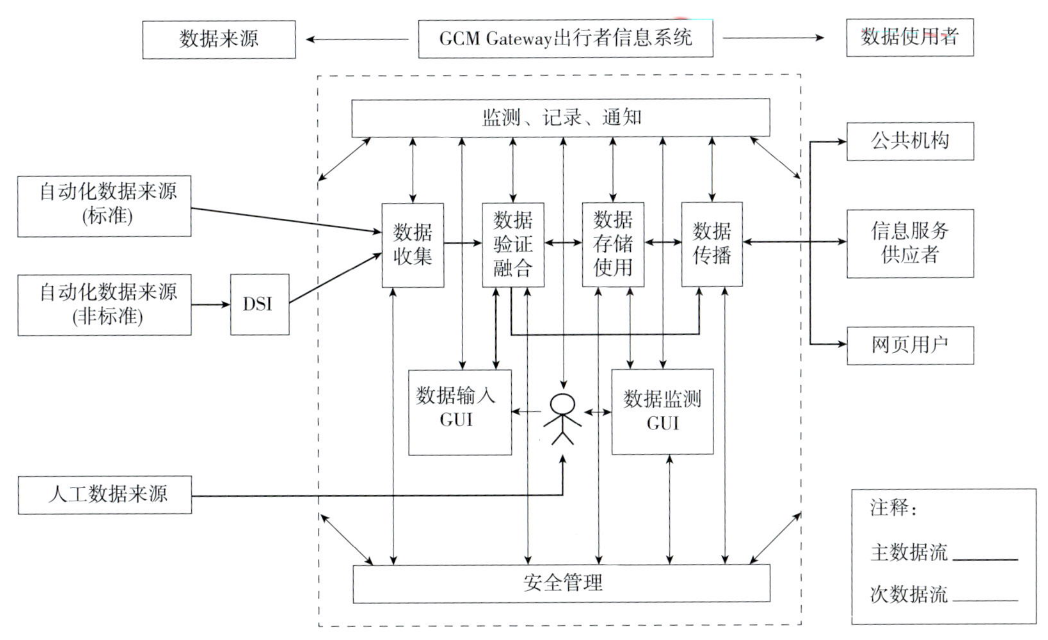

图 3-6　GCM GATEWAY 出行信息系统架构图

3.2　国内典型公众服务平台案例

国内交通类公众服务平台的建设者以政府为主体，通过建设该类公众服务平台，为民众提供专业、高效的交通出行服务。

3.2.1　云南省综合交通信息公众服务平台

云南省综合交通信息公众服务平台旨在依托云南省综合交通信息数据中心进行数据的采集、交换，形成基础数据库，在此基础上进行专题分析，形成公众服务主题数据库，从而获取满足社会公众服务需求的综合交通信息资源[28]。该服务平台包括六大系统：综合交通信息网站服务系统、交通呼叫云服务系统、综合交通信息短信服务系统、综合交通信息电子显示屏服务系统、综合交通信息移动终端服务系统和综合交通信息广播电视服务系统。通过这些系统为人民群众提供安全、便捷、高效的出行服务，进而提升综合交通运输信息服务水平。

该系统数据库的数据主要来源于公路、水路交通运输信息资源库，交通运输行业单位或个人以及运营人员录入或采集维护的数据，以及公安、测绘、气象、旅游、铁路等横向单位的共享数据库。

该系统平台的架构如图 3-7 所示。

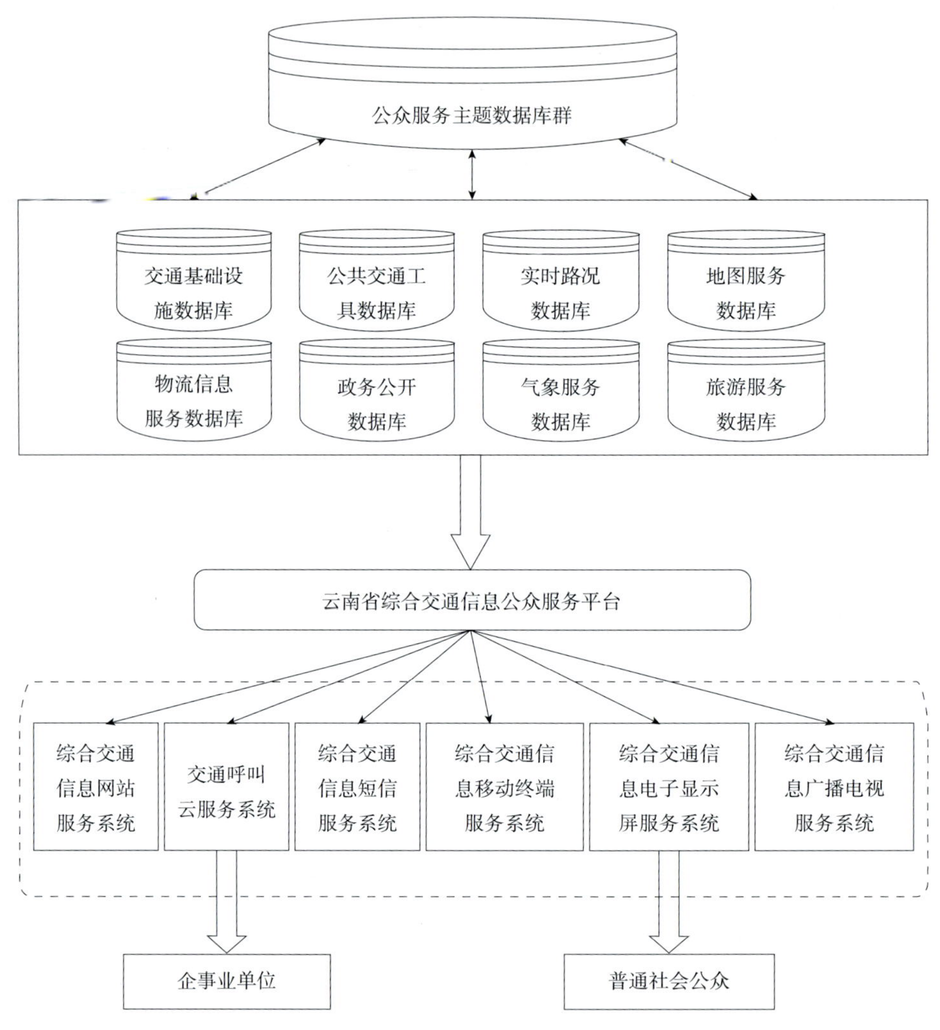

图 3-7　云南省综合交通信息公众服务平台架构图

其六大系统的建设内容如下：

1）综合交通信息网站服务系统

综合交通信息网站服务系统的架构主要包括基础软硬件设施、公众服务主题数据库、应用支持平台、门户展现模块以及保障体系等几个部分，如图 3-8 所示。基础软硬件设施为网站提供运行与服务支撑，包括网络设备、服务器、磁盘阵列、备份设备等硬件设备以及操作系统、数据库系统等基础软件。公众服务主题库管理网站整合、发布、提供服务的各类信息资源。应用支持平台提供网站运行所需要的支撑软件，包括内容管理系统、地理信息系统、身份认证系统、全文检索工具、数据库管理系统。门户展现模块是根据网站政务信息公开、新闻资讯、出行服务、物流服务、信息查询、互动交流等各项服务需求而开发的应用展现模块，门户集成各个应用模块，面向企事业单位和广大社会公众提供统一服务入口。

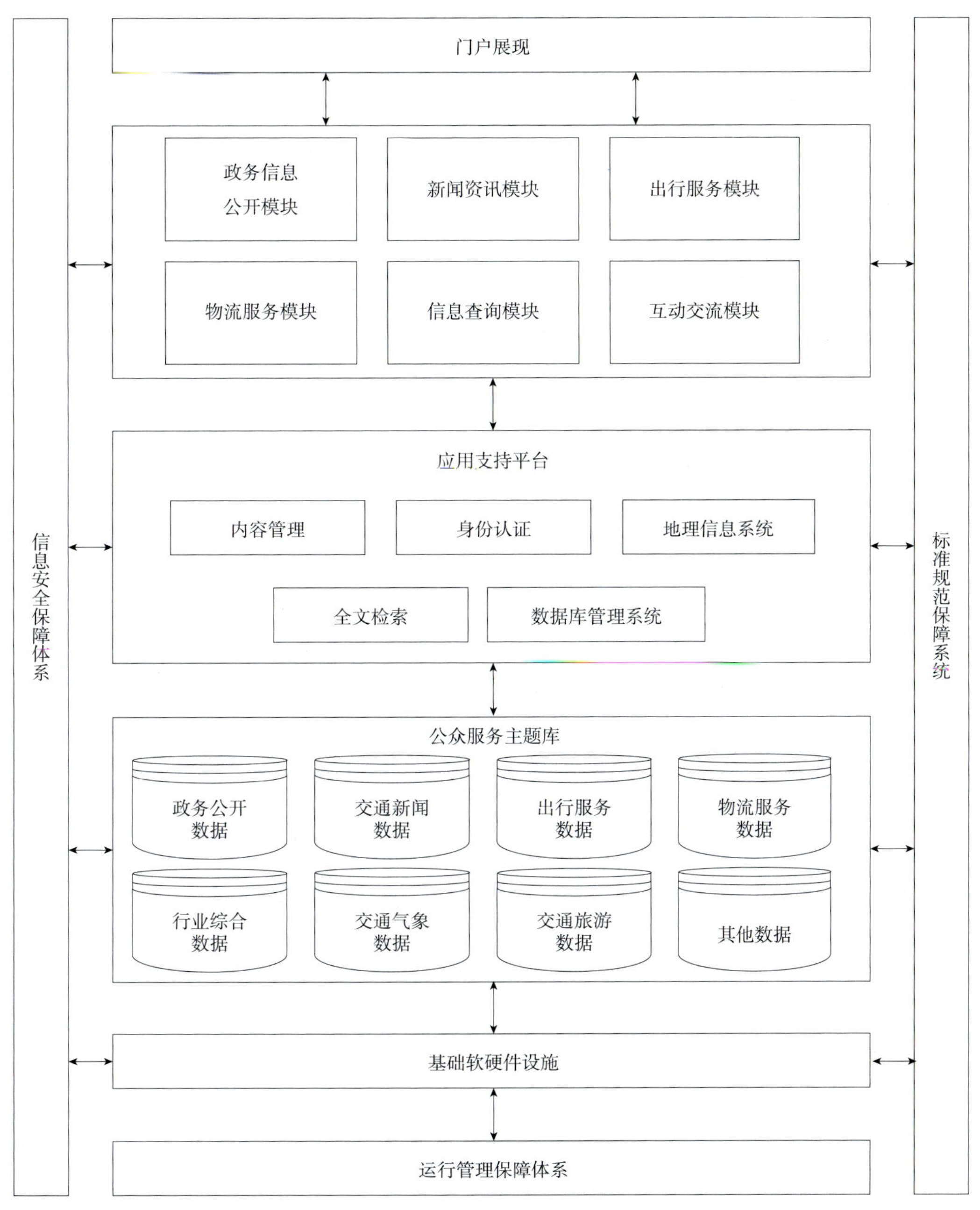

图 3-8　综合交通信息网站服务系统架构

2）交通呼叫云服务系统

交通呼叫云服务系统是一个省、市、县级的三层架构。整个系统采用分布式架构部署，以省级呼叫中心为样板，分别在云南省 16 个州市建设 16 个公用交换电话网呼叫分中心，通过模拟中继/数字中继线路接入到当地运营商；其他同级分中心和县级呼叫分中心则通过网络电话实现呼叫及业务转接。通话录音由各个分中心本地进行，定时上传到指定服务器即可。系统设有短信平台，可以提供短信咨询，同时对于座席不能够及时回答的问题，也可通过该短信平台作为延时应答响应的手段，提升群众的满意度。

3）综合交通信息短信服务系统

综合交通信息短信服务系统向社会公众提供交通信息手机短信服务，该服务可以作为呼叫中心服务方式的有力补充。手机短信服务主要通过短信查询和出行信息预约定制两种方式来实现。公众可通过短信推送平台查询实时路况信息、交通气象信息等综合交通信息，系统根据事件触发机制及时将信息发送给用户。事件触发主要有 2 种，一是突发性交通事故通告，二是用户根据编码规则发送的信息查询请求。此外，用户还可以通过预约定制出行信息来获取综合交通信息服务。综合交通信息短信服务系统架构如图 3-9 所示。

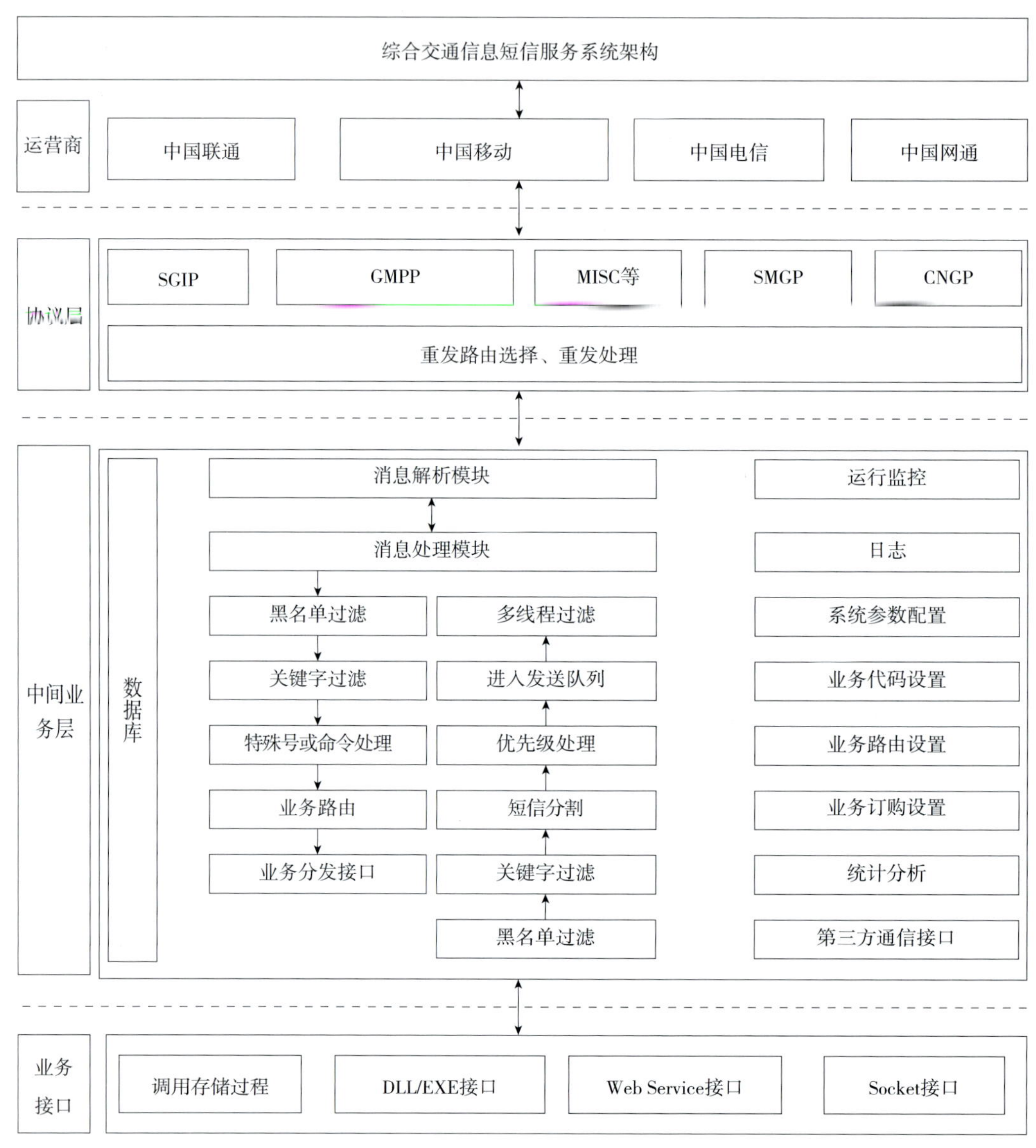

图 3-9 综合交通信息短信服务系统架构

短信网关接入采用专线接入方式，系统接入后，即可与运营商的短信网关接口建立短信通道，实现短消息的发送、接收。系统采用开放的、跨平台的 Web Service 接口为其他业务系统提供统一的内容通道。

4）综合交通信息移动终端服务系统

综合交通信息移动终端服务系统通过综合交通信息公众服务平台提供的二次开发接口，获取平台上的综合交通实时信息。该系统基于目前主流的三大移动终端系统（Android、iOS、Windows Phone），通过用户主动点击查找或预先定制推送，可方便实现实时交通状态显示、交通诱导、实时交通事件播报、停车诱导、出行参考、交通气象、费用查询等，同时提供用于二次开发的 API 等功能，为公众出行提供便捷的服务。

5）综合交通信息电子显示屏服务系统

该系统对云南省现有的高速公路电子显示屏资源加以充分利用，在主要高速公路路段试点建设综合交通信息电子显示屏服务系统，改变显示屏仅仅用来传达口号、标语等信息的现状。根据规划，云南省高速公路的监控数据都将传输到省公投公司应急指挥中心和省交通运输厅监控指挥中心，实现对所辖路段区域路网及隧道、重大桥梁、边坡等重点监控区域内的交通流量、气象检测数据、环境检测数据以及外场地监控设备的工作状态、故障状态、通信状态进行实时监控，宏观把握所辖路网各信息采集点的关键信息。当路网内出现重大交通异常或跨区域的交通事件时，各监控中心可通过位于高速公路隧道口、隧道内服务区、互通或重点路段的电子显示屏设备进行及时的信息发布。信息发布将实现隧道管理所、路段分中心、省公投公司应急指挥中心、省交通运输厅监控指挥中心四级联网控制，每个管理级别都可利用信息发布工作站对所管辖范围内的信息发布设备进行信息发布，其中任何一控制中心发布信息，都会把相关发布信息反馈到另外3个中心，实现信息同步及共享。

6）综合交通信息广播电视服务系统

综合交通信息广播电视服务系统通过与广播电视等媒体建立合作关系，及时将交通实时信息传递给广播电视媒体，由媒体将交通实时信息播放给社会公众，在全省范围内连续播放由交通运输管理部门提供的综合交通信息。具体实践中，系统从公众服务主题数据库中提取出相应的动态路况、交通紧急事件、交通气象等信息，实时推送给广播电视系统，广播电视系统通过消息接收，自动或人工对消息进行审核，再通过无线广播网络或有线电视网络及时发布给社会公众，为公众出行提供及时有效的服务。

3.2.2 北京市公众出行交通信息服务系统

北京市公众出行交通信息服务系统建设是北京市交通委员会承担的交通部交通信息化示范工程。其以社会公众对交通信息服务的需求为出发点，将当前所掌握的交通信息资源进行了整合，为北京市居民出行提供信息服务[29]。

从交通数据采集、处理、发布的流程来看，北京市公众出行交通信息服务系统的总体架构主要包括交通数据采集与接入、通信网络、交通数据处理、交通信息发布四个部分。交通数据采集与接入是系统的数据基础；通信网络为系统数据传递和信息发布提供了网络平台；交通数据处理系统是系统的枢纽，负责采集与接入数据的初步处理和存储以及数据的深层次分析，数据经过各应用子系统生成可用于面向用户发布的交通信息；交通信息发布系统向各种出行方式的交通出行者发布出行前、出行中的各类交通信息。

1）数据采集与接入

北京市公众出行交通信息服务系统的数据采集与接入主要有以下三种方式：

①在路段上安装微波检测器，实时采集交通数据。

②利用北京部分装有GPS车载设备的出租车作为浮动车，采集城市道路的实时交通流数据，并与GIS地图进行匹配。

③开发数据录入和导入程序，将现有应用系统的数据和从第三方获得的静态和动态数据准确、方便、快捷地存储到公众出行数据库中。

2）通信网络

北京市公众出行交通信息服务系统利用现有网络资源，根据数据通信带宽和质量的需要选择系统通信网络的种类。该系统中主要采用了三种不同的通信网络：外场布设的设备与数据中心之间通过GPRS无线公网来传输数据；网站服务器通过高速专线与互联网相连接；数据中心与各交通运营企业之间的数据传输则以现有的互联网为基础。

3)数据处理中心

北京市公众出行交通信息服务系统数据处理中心包含了数据的预处理、数据存储、数据的加工处理和交通信息的发布功能。在数据加工处理方面，数据处理中心所具备的功能包括：交通信息处理、浮动车数据处理、三维GIS指路服务、市域范围内自驾车出行的静态路径规划、公交换乘、长途客运信息查询、外省市到北京市周边或市域内某一地区的城际多方式行程规划等。

4)交通信息发布

北京市公众出行交通信息服务系统综合当前已有的信息发布技术，提供了以下几种公众信息发布方式：

①通过网站提供较全面的交通信息服务，包括动态交通信息服务、交通基础设施信息服务、公共交通客运交通信息服务、长途客运信息服务、交通黄页信息服务、出行常识信息服务。

②通过热线提供全市公共交通线路及换乘查询服务。

③通过短信提供路况信息、公交线路和长途客运信息。

④通过道路上的可变情报板，发布实时交通路况信息。

随着技术的发展，北京市公众出行交通信息服务系统又有了新的变化，开通了方便快捷的微信公众号[30]。“绿色出行畅通北京”微信公众号，以移动即时通信传播方式，宣传“绿色出行”理念，推送公共交通出行服务信息，讲解交通政策措施等内容。该微信公众号可以提供实时路况、综合换乘、地铁换乘、公共自行车和省际客运等公共交通出行服务信息。用户仅需要通过微信查找并关注公众号，即可利用手机、平板电脑等智能移动终端设备随时随地获取出行服务信息，方便、快捷、有效。

XIAPIAN
SHIJIAN PIAN

下 篇

实践篇

4

江苏省智慧高速公路公众服务平台需求分析

公众服务平台需求分析是公众服务平台设计与建设的前提，只有建立在科学合理需求分析之上的公众服务平台，才能够更实用地向出行者提供有效的信息服务，从而提高交通营运管理服务水平。江苏省是国内率先实施智慧高速战略的几个省份之一，经过几年的建设与实践，在高速公路公众服务平台建设方面积累了大量实践经验。本章将从实践的角度，以江苏省智慧高速公路公众服务平台为例，对公众服务平台的需求分析进行系统阐述。

4.1 概　　述

随着人们生活水平不断提高，汽车保有量快速增长，出行距离不断增加，人们对出行的需求也在不断提高，由过去的"能不能走"逐渐转变为"走得好不好"和"走得快不快"。无论是出行前还是出行中，出行者都希望能够方便地获取出行相关的各种即时交通信息。这对高速公路经营管理单位提出了较高的要求，高速公路经营管理单位除了要做好道路安全工作外，还要不断提高信息服务水平。

移动互联网、车联网等新兴技术的不断发展以及卫星定位车载终端信息服务商、智能手机用户群体的不断壮大，给高速公路营运管理者带来了新的发展思路，即利用先进的技术，依托公众的车载广播、卫星定位车载终端、智能手机等载体，增加出行途中高速公路信息服务内容，提高服务水平。

近年来，江苏省高速公路营运管理部门面对公众出行需求，不断探索符合公众实际需要、便捷的出行信息服务方式。截止到2016年年底，公众已可通过96777客服热线、手机网站、微博、FM101.1交通广播、自助服务终端、互联网网站、手机短信及路边可变情报板等方式获取高速公路出行信息，并获得了良好的效果。但是总体看来，当前的出行服务大多集中于满足公众出行前需求。如何通过技术手段为公众在出行途中提供及时、便捷的信息服务，成为江苏省高速公路营运管理者当下需要解决的主要问题。

4.2 服务业务与系统运行现状分析

4.2.1 公众服务业务现状

目前，江苏省高速公路营运管理部门提供的公众服务业务包括信息获取、服务投诉和救助请求等业务。

1）信息获取业务

目前，江苏省高速公路公众服务业务的信息获取分为两种形式：一种是公众主动查询信息，可以通过语音、网络、微博等方式实现；另一种是公众被动接受信息，如公众通过广播或者短信服务系统获知路况信息、苏通卡服务信息等。信息的来源有两种渠道：一是江苏省高速公路联网营运管理中心（其是江苏省高速公路联网营运管理委员会下设的非营利性办事机构，以下简称"联网中心"）通过96777系统、气象检测系统等方式获取路网信息；二是江苏省高速公路各路桥公司（以下简称"路桥公司"）通过视频监控系统、气象检测系统、交巡警、路政等方式获取信息后上报联网中心。联网中心获得全省的路网信息后直接通过网站、微博、96777系统发布信息，或者将信息发送至各路桥公司，由路桥公司通过情报板、触摸屏、服务区大屏等方式发布。

2）服务投诉业务

公众如对收费、清排障、救助等服务不满意，可通过96777热线进行投诉。联网中心会通知并敦促相应的路桥公司对投诉内容进行及时处理，同时信息管理系统会将投诉信息备案，既可作为对各个路桥公司的考核参考，也便于集中分析问题，改进相关服务。

3）救助请求业务

公众若在高速公路上遭遇交通事故、车辆故障、人员伤病或者其他意外情况，可通过96777服务热线请求救助。96777系统接到求助信息后，将其转接给调度指挥中心，由调度指挥中心调用相关救助资源，如通知交管部门赶赴现场处理事故、联络医疗部门救治伤病人员、通知清排障大队清理事故现场等。

4.2.2 服务系统运行现状

江苏省高速公路营运信息服务水平近年来得到稳步提高，服务内容也逐步丰富，目前提供实时路况查询、高速公路天气查询等查询服务，交通事故报警、其他困难救助等救助服务，对收费、排障等服务的投诉处理等投诉服务。服务手段也更加多样化，目前向社会公众提供的服务方式包括高速公路客服热线96777、www.js96777.com网站、手机WAP网站、微博平台等多种方式。服务内容和服务手段的不断发展，使得公众能够获得更加全面准确的信息服务，实现更加便捷高效的出行。

1）客服热线与短信服务系统

全省统一的联网高速公路服务热线——96777，覆盖了江苏省24条联网收费高速公路及南京机场高速公路，提供全天候服务。客服热线系统包括业务处理、业务查询、信息查询、统计报表、信息发布等功能模块，话务员通过热线电话为高速公路驾乘人员提供咨询、救助、投诉等服务。该系统主要业务是公众咨询，对救助、投诉的处理相对较少。目前系统设有20个座席，接有60条中继线，可满足60人同时接通96777，并可以根据话务量的需要将座席增加到64个，根据需要，中继线可扩展到120条，以确保接通率达到95%以上。短信服务系统主要面向苏通卡用户，提供苏通卡的服务信息，方便用户了解苏通卡的使用情况、优惠信息等内容。

2）互联网网站、手机WAP网站与微博平台

江苏省高速公路营运管理部门建立了www.js96777.com网站、手机WAP网站，并在新浪、腾讯、搜狐开设"江苏高速96777"微博，公众可以通过以上渠道查询道路路况、路径选择、天气状况、交通事件、服务区与收费站等相关信息。

www.js96777.com网站提供了多项公众出行服务，包括图行江苏、实时路况、路径查询、费率标准、收费站查询、服务区查询、旅游景点查询等。截至2016年年底，网站访问量已达到180多万，为广大驾乘人员出行提供了方便。

手机WAP网站主要开设了"路网实时路况""苏通卡服务""关于我们""中心要闻"四个版块。"路网实时路况"为驾乘人员提供江苏省联网高速公路实时路况信息。"苏通卡服务"主要设有苏通卡的产品介绍、重要公告、办理指南、使用说明、服务网点、消费查询等栏目，方便苏通卡用户查询相关信息。"关于我们"和"中心要闻"主要介绍江苏省高速公路联网营运管理中心的职能职责、组织结构和最新开展的各项工作及事件。

"江苏高速96777"微博在新浪、腾讯、搜狐各有一站。三站微博发布内容一致，主要是交通恢复通行、事故通知、车道封闭、限速信息、施工信息等内容。截至2016年年底，三站微博发布量均在一万条以上，其中新浪微博超过了13000条。新浪微博平台还设置了留言、咨询、投诉、表扬四个板块，充分实现了与公众的互动。

3）江苏交通广播网（FM101.1）

江苏交通广播网由江苏省交通厅、公安厅和江苏省广电总台联合打造，是一个受众面广、持续稳定的信息发布网络，通过中心话务员向社会直播发布信息，接受交通投诉，并宣传与交通相关的法律法规和各种交通安全知识。江苏交通广播网与全球卫星定位系统、110报警台等合作，努力拓宽信息服务平台，目前已在气象、路况、导路、汽修、旅游等诸多领域，实现了联网有限信息发布。

4) 多媒体信息查询终端

方便实用的查询终端，是公众自助获取高速公路信息的一种有效方式。江苏省高速公路营运管理部门在各服务区布设了103套多媒体信息查询终端，公众可以在服务区方便地查询实时路况、天气状况、路径诱导、服务区、周边旅游资源等信息，利用休息时间充分获取高速公路信息。

4.2.3 主要问题分析

当前江苏省高速公路信息服务系统已基本满足公众出行前的信息需求，但信息内容和信息表现形式有待提高，公众对高速公路出行信息服务途径的了解程度有待加深，信息服务的宣传有待加强，且出行中的信息服务仍存在较大的改进空间。主要问题体现在以下几点：

1) 客服热线与短信服务系统

客服热线受中继线的影响，在节假日及恶劣天气业务繁忙时，会出现排队的情况。短信服务系统目前的服务对象仅限于苏通卡用户，未能面向广泛公众群体提供道路路况、天气状况、交通事件等实时信息。

2) 互联网网站与手机WAP网站

网站数据内容有待丰富，相比于静态信息，交通路况、道路路阻、环境状况等动态实时信息方面较为缺乏，满足公众出行服务的其他相关信息如旅游、购物、休闲娱乐等较少。WAP网站的信息以文字为主，信息未进行分类，不够直观。除此之外，分辨率高的智能手机访问网站时页面自适应性差，显示不够美。

3) 其他问题

由于各种信息服务方式各自独立，使得服务管理存在不足。部分服务方式采用人工方式进行编辑，导致信息描述不一致；服务业务开展中，没有对移动终端的发展给予足够重视，使得出行中的服务不够；个性化的信息服务缺乏，未能为出行者提供结合各种终端的全方位个性化服务。

4.2.4 解决思路

解决上述问题的思路是：建设公众服务平台，完善服务信息管理系统，实现信息的统一接入、存储和服务的支撑，加强对服务的管理。

①拓展原有网站、WAP网站等信息服务方式的服务内容及信息的表现形式，根据用户手机终端类型，将WAP网站改造成基于互联网的、与多种手机屏幕分辨率相适应的、适合手机访问的网站。

②拓展信息服务渠道，增加出行服务方式，特别是增加出行中的服务方式，实现覆盖全省高速公路的基于车载广播的区域交通信息发布。与信息服务商合作，为其提供适合其下游的卫星定位车载终端使用的交通信息。开发基于iOS、Android等系统的智能手机客户端，实现基于智能手机的信息交互和出行中应用。

③加强手机、网站等信息服务方式的宣传。由于基于手机、网站的信息服务方式的宣传不够，在节假日或者恶劣天气条件下，公众都使用客服电话来获取信息，导致客服电话线路拥堵。因此，需要加强对手机与网站等信息服务平台的宣传，使其有效发挥服务功能，能够在客服电话拥挤时及时为公众提供所需的出行信息，分担客服热线压力。

4.3 公众服务平台总体需求分析

4.3.1 功能需求分析

1) 社会公众服务需求

社会公众的需求主要是对出行服务信息的需求，采用不同出行方式出行的出行者，均希望能够获得出行所需的静态和动态交通信息服务。对于驾车出行的出行者和使用高速公路的企业，需要在出行前获取到达目的地的行车路径，掌握途经道路施工情况；在出行中能够掌握道路交通状态、道路管制情况、交通事件信息等，合理避开拥堵路段，选择合适的出行路径；在接近目的地时能掌握周边城镇道路交通状态，辅助实现路径选择等。

除此之外，社会公众还需要服务平台提供多模式信息发布途径，并要求操作界面简洁直观，内容准确、详细、及时，操作响应快速，系统稳定可靠并具有良好的运行保障。具体服务途径包括：

①卫星定位车载终端等终端服务，为具有通信功能的卫星定位车载终端的车主提供交通诱导服务，实现高速公路行车途中的交通信息发布及诱导。

②基于智能手机客户端的交通信息服务，为使用智能手机的车主提供手机客户端，实现交通信息的查询、交互及行车诱导等服务。

③互联网服务，为车主提供可获取直观、有效、丰富的静态或动态出行信息服务的手机网站、互联网网站等。

2）高速公路经营管理单位服务需求

高速公路经营管理单位需利用信息化手段，建立起覆盖出行全过程的、多元化服务载体相结合的、一体化和开放性的交通信息服务体系，并积极探索与社会化信息服务企业的合作模式，通过多渠道提高出行信息服务质量，全面提升面向社会公众的信息服务能力。

4.3.2 性能需求分析

1）系统可用性

公众服务平台要求能够全天候支持用户的访问，要求高可用性≥99.99%。

2）系统实时性要求

①从数据中心输出至公众服务平台服务信息管理系统写入的时延<2秒；公众服务平台至数据中心的时延<5秒。

②基于卫星定位的交通诱导系统的数据传输响应时间<1秒。

③对基于手机的信息互动服务系统及基于网站的公众信息服务系统的用户查询响应时间要求：简单查询<2秒，复杂查询<5秒，带实时信息的复杂查询<10秒。

3）系统信息查询准确性需求

基于手机的信息互动服务系统及基于网站的公众信息服务系统的信息查询结果准确性应大于99.9%。

4）并发性能需求

①基于手机的信息互动服务系统能够支持1000个用户并发使用。

②基于网站的信息服务系统能够支持100个用户并发使用。

4.3.3 数据需求分析

1）数据内容需求

公众服务平台数据内容需求包括：服务信息管理系统数据、卫星定位交通诱导系统数据、基于手机的信息互动服务系统数据、基于网站的信息服务系统数据。

2）数据存储需求

公众服务平台数据存储需求包括：基础数据存储、实时数据存储、交通状态历史数据存储、服务历史数据存储、用户访问结果数据存储等。具体的数据项目、类型、存储周期、存储量如表4-1所示。

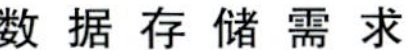

数据存储需求　　表 4-1

序号	数据项目	数据类型	存储周期	数据存储总量
1	高速公路 GIS 基础信息	基础数据	最新	10G
2	交通运行状态信息	实时数据	最新	10M
3	交通事件信息	实时数据	最新	1M
4	交通事故信息	实时数据	最新	1M
5	施工养护信息	实时数据	最新	1M
6	交通管制信息	实时数据	最新	1M
7	气象预报信息	实时数据	最新	1M
8	气象预警信息	实时数据	最新	1M
9	周边省市高速公路 GIS 基础信息	基础数据	最新	10G
10	交通违章处罚信息	实时数据	永久	100M
11	高速公路服务区服务信息	实时数据	最新	100M
12	充值服务信息	基础数据	最新	10M
13	全省交通状态图形信息	实时数据	最新	20M
14	服务历史数据	历史数据	1 个月	500G
15	用户访问结果数据	实时 + 历史	永久	1G
合计				约 522G

通常，数据存储需要考虑业务增长、存储日志及冗余空间(占用 30% 左右的空间)，因此需要的数据量约为 746G。

4.3.4 安全需求分析

由于公众服务平台服务的对象是公众，使用的网络为互联网，因此需要做好安全防护。主要包括：

1)技术安全

(1)物理安全

公众服务平台的设备需存放在具有一定物理安全要求的专业机房，设备的物理安全由各机房设计时进行保障。

(2)网络安全

系统结构方面，应保证关键网络设备的业务处理能力具备冗余空间，满足业务高峰期需要；保证接入网络和核心网络的带宽满足业务高峰期需要；应根据各系统的重要性和所涉及信息的重要程度等因素，划分不同的子网或网段，并按照方便管理和控制的原则为各子网、网段分配地址段。访问控制方面，应在系统区域边界部署防火墙或其他访问控制设备，并通过访问控制策略，实现边界协议过滤。安全审计方面，应通过部署网络审计系统或使用安全网络设备等，收集、记录网络的相关安全事件。边界完整性防护方面，应能够通过在边界部署检测设备探测非法外联和入侵等行为，完成对边界的完整性保护。网络设备防护方面，应对登录网络设备的用户进行身份鉴别，具体要求如下：应对网络设备的管理员登录地址进行限制；网络设备用户的标识应唯一；身份鉴别信息应具有不易被冒用的特点，口令有复杂度要求并定期更换；应具有登录失败处理功能，可采取结束会话、限制非法登录次数和当网络登录连接超时自动退出等措施；当对网络设备进行远程管理时，应采取必要措施防止鉴别信息在网络传输过程中被窃听。

(3)主机安全

身份鉴别方面，通过使用符合信息安全等级保护要求的安全操作系统或相应的系统加固软件实现用户身份鉴别。访问控制方面，通过使用符合信息安全等级保护要求的安全操作系统或相应的系统加固软件，并结合安全策略需求实现自主访问控制安全要求。安全审计方面，通过部署安全审计系统，收集、记录业务主机的相关安全事件。入侵防范方面，业务主机的操作系统应遵循最小安装的原则，仅安装需要的组件和应用程序，并通过设置升级服务器等方式保证系统得到及时更新。恶意代码防范方面，通过部署防病毒系统或配置具有相应功能的安全操作系统，实现业务主机的病毒防护以及恶意代码防范功能。资源控制方面，应通过设定终端接入方式、网络地址范围等条件限制终端登录并限制单个用户对系统资源的最大或最小使用限度。

(4)应用安全

身份鉴别方面，通过开发独立的身份鉴别功能模块或使用符合信息安全等级保护要求的其他系统防护软件实现系统身份鉴别。访问控制方面，通过开发独立的授权访问控制功能模块或使用符合信息安全保护要求的系统防护软件进行系统加固，实现授权访问控制安全要求。安全审计方面，通过开发独立的审计功能模块或部署审计系统，探测、记录相关安全事件，实现系统安全审计。通信完整性方面，应采用校验码技术保证通信过程中数据的完整性。通信保密性方面，在通信双方建立连接之前，应用系统应利用密码技术进行会话初始化验证。软件容错方面，应提供数据有效性检验功能，保证通过人机接口输入或通过通信接口输入的数据格式和长度符合系统设定要求；在故障发生时，应用系统应能够继续提供一部分功能，确保能够实施必要的措施。资源控制方面，当系统的通信双方中的一方在一段时间内未做任何响应时，另一方应能够自动结束会话；应对系统的最大并发会话连接数及单个账户的多重并发会话数进行限制。

(5)数据安全及备份恢复

数据完整性方面，应通过密码技术支持的完整性保护机制和数据备份系统，共同实现用户数据完整性保护。数据保密性方面，应采用加密或其他有效措施实现系统管理数据、鉴别信息和重要业务数据传输保密功能。备份与数据恢复方面，应提供本地数据备份与恢复功能，每天至少一次完全数据备份并将备份介质存放于场外。同时应提供主要网络设备、通信线路和数据处理系统的硬件冗余空间，保证系统的高可用性。

2)管理安全

管理安全需求通过建立安全的管理安全体系进行保障，具体内容包括：

①安全管理制度。

从管理制度的制定、发布、评审与修订等方面进行管理。

②安全管理机构。

从安全岗位设置、人员配备、授权和审批、审核和检查等方面建立安全管理机构。

③人员安全管理。

从人员录用管理、人员离岗管理、人员考核、安全意识教育和培训、外部人员访问管理等方面进行约束。

④系统运维管理。

从环境管理、介质管理、设备管理、网络安全管理、系统安全管理、恶意代码防范管理、密码管理、变更管理、备份与恢复管理、安全事件处置等方面进行系统运维管理。

4.4 公众服务平台系统需求分析

4.4.1 服务信息管理系统

1)整体需求

服务信息管理系统是公众服务平台的数据处理、组织与分发系统，系统的核心组成部分是公众服务应用数据库及多种服务所需的公共信息生产系统。为实现系统的各项服务功能，该应用数据库与云计算数据中心需进行实时交通数据共享。应用数据库处理和组织数据后，能够整理出诸如道路实时信息、气象信息、养护信息、管制信息等交通实时信息和处理后的交通状态图等图形，并经过标准数据组织接口分发给公众服务应用系统，从而为交通出行者提供综合交通出行信息服务。除此之外，为保障服务信息管理系统的服务质量和服务水平，需进行必要的系统日常运维管理，同时服务应用平台还需具备一定的可扩展性，以满足数据内容的增减或者用户新的应用需求。

2)功能需求

服务信息管理系统的核心功能需求是应用数据库及时处理、组织和分发交通数据，为交通出行者提供实时的道路、气象、管制、养护等综合出行信息服务。为满足系统这一功能需求，系统需具备以下功能模块：

①数据接入功能模块。根据公众服务应用系统的数据需求，通过数据接入接口从数据中心中接入所需数据。

②数据组织与处理功能模块。根据公众服务应用系统的特点及对数据的要求，系统应能对从数据中心接入的数据进行符合信息服务的标准化处理。同时，为更好的体现系统的集约化建设效果，系统应能够对不同服务系统所需使用的同一信息进行统一处理，处理后由数据输出接口提供给各系统，供系统服务使用。

③数据输出功能模块。该模块的功能可分为两项，一是根据公众服务应用系统的需求，系统应能将从数据中心接入的数据输出到公众服务应用系统；二是系统应能将公众服务应用系统反馈的数据输出到数据中心。

3)数据需求

服务信息管理系统的功能需求决定其数据的需求，如表4-2所示。

服务信息系统数据需求 表4-2

数据项	数据内容	数据更新周期
高速公路GIS基础信息	路段基本信息、桥梁基本信息、隧道基本信息、收费站基本信息、服务区节点信息、出入口节点信息、高速公路管理或经营单位数据、高速公路监测设施基本信息、高速公路发布设施基本信息	3个月
动态交通信息	交通运行信息、交通事件信息、交通事故信息、施工养护信息、交通管制信息	<5分钟
气象信息	气象预报信息	2小时
	气象预警信息	<5分钟
应急资源信息	资源类型、属性、存放位置、库存状态	1个月
卫星定位信息	卫星定位车辆的终端号、卫星定位车辆的坐标、卫星定位车辆时间	<5分钟
ETC用户出行信息	苏通卡编号、驶入高速位置、驶入高速时刻、驶出高速位置、驶出高速时刻、停留服务区位置、服务区停留时刻	<5分钟
外省高速公路GIS基础信息	收费站信息、服务区信息、高速公路出入口信息、高速公路路线特征信息、基础图层数据	3个月
交通运营状况	通过公路主线及节点(含收费站)的断面车辆数、车辆类型	<15分钟

4.4.2 卫星定位交通诱导系统

1)整体需求

卫星定位交通诱导系统应满足高速公路管理部门实现紧急情况下应急资源的调配需求和社会公众

出行中的诱导需求。该系统需由公众服务应用数据库接入高速公路基础地理信息、车辆卫星定位、交通事故等相关信息，通过系统处理后得到交通诱导信息。经人工审核系统处理后的结果，一方面支撑高速公路应急资源调度的最优决策，另一方面为社会公众提供出行中的路径诱导服务。除此之外，为保障基于卫星定位交通诱导系统的服务质量和服务水平，还需要进行必要的系统日常运维管理。

2）功能需求

卫星定位交通诱导系统的核心功能需求是提供交通诱导服务。为了满足系统的这一功能需求，系统应具有以下主要功能：

①数据组织和处理。

为准确、高效地提供交通诱导信息，需根据卫星定位交通诱导系统的数据需求，通过数据接入接口从公众服务应用数据库中接入高速公路基础地理信息、卫星定位信息等数据。同时，为了便于卫星定位交通诱导系统高效利用接入数据，系统需要根据数据的要求和特点，将接入数据进行标准化处理。卫星定位交通诱导系统为满足系统的核心功能需求，需要利用各类交通模型进行功能处理，将各类交通实时信息转化为基于地理位置的决策信息，如事故影响路段、恶劣天气影响区域等信息，以供人工审核决策。

②人工审核。

系统对接入的数据进行处理后，输出基于地理位置的决策信息。为避免资源的无序调度和重复调度，提高资源的利用效率，基于地理位置的决策信息需要经过人工审核确认以确定事件的优先级。

③交通诱导服务。

卫星定位交通诱导系统的核心功能是提供交通诱导服务，包括应急资源调度诱导服务与社会公众出行诱导服务两部分。首先，为提供应急资源调度诱导服务，应急资源调度决策形成后，系统需按照处理结果和紧急事件的优先级，制定应急预案与处理流程，引导清排障车辆等前往突发情况发生地点。这要求系统具备及时与调度车辆交互应急诱导目的地路段号和桩号、最优路径等信息的功能，保障应急调度的高效性与准确性。其次，为提供社会公众出行诱导服务，系统需根据实时交通信息向社会公众发布诱导信息，实现出行中的诱导，力求达到社会资源的合理利用。

3）数据需求

卫星定位交通诱导系统的功能需求决定其对数据的需求，如表 4-3 所示。

卫星定位交通诱导系统数据需求表 表 4-3

数据项	数据内容	数据更新周期
高速公路 GIS 基础信息	路段基本信息、桥梁基本信息、隧道基本信息、收费站基本信息、服务区节点信息、出入口节点信息、高速公路经营管理单位数据、高速公路监测设施基本信息、高速公路发布设施基本信息、不同编码关系下的映射信息	3 个月
卫星定位信息	卫星定位车辆终端号、卫星定位车辆坐标、卫星定位车辆时间	<5 分钟
交通运行状态信息	平均车速、交通流量、车辆类型	<5 分钟
交通管制信息	事件上报时间、管制开始时间、预计持续时间、管制起讫地点（包括桩号、所属路段）、管制原因	<5 分钟
交通事件信息	事件类型（包括高速公路抛撒物、停车、超速、超重、危险品等）、事件发生时间、发现事件时间、事件结束时间、事件起讫地点（包括桩号、所属路段、所属管辖分监控中心）	<5 分钟
施工养护信息	施工养护单位、施工养护开始时间、施工养护持续时间、施工养护影响、施工养护起讫地点	<5 分钟
交通事故信息	事故发生时间、事故发现时间、事故结束时间、事故起讫地点（包括桩号、所属路段、所属管辖分监控中心）、事故类型（按全省高速公路业务处理有关标准判别）、事故级别、事故影响（因事故造成的人员伤亡、财产损失、道路基础设施损坏、交通运行影响等）	<5 分钟

续上表

数据项	数据内容	数据更新周期
气象预警信息	短时强降水、能见度影响、雷雨大风、极端天气(暴雨、暴雪、寒潮、台风、沙尘暴、高温)、气象影响区域、恶劣天气影响路段、恶劣天气影响时间、恶劣天气持续时间、恶劣天气可能引发重大事件、恶劣天气预防措施	<5 分钟
气象预报信息	能见度、大气温度、相对湿度、降水量、风速、风向、公路主线及节点气象信息短时预报	2 小时
应急资源信息	资源类型、属性、存放位置、库存状态	1 个月

4.4.3 基于手机的信息互动服务系统

1)整体需求

基于手机的信息互动服务系统需要以手机智能终端为信息传输平台，导入每一用户对信息的需求情况，进行公众服务应用数据库原始数据接入、组织与管理，并通过手机客户端向用户呈现。此外手机用户也可以通过客户端将重要的实时交通信息上报，为公众信息服务提供更广泛、及时的信息。为保障系统的服务质量与服务水平，服务需覆盖出行全程，通过多种服务形式向用户提供细致精确的信息。

2)功能需求

基于手机的信息互动服务系统的功能需求包括以下三个方面：

①信息接入与处理。手机服务系统需要从公众服务平台接入数据，并结合用户需求，生成用户请求的路径导航信息、实时路况信息等。此外，还需要使用一定的校验方法对手机用户上报的交通事件信息、路况信息等交通信息进行核实。

②出行信息发布。基于手机的信息互动服务系统通过基于 iOS 和 Android 等系统的手机应用程序向手机用户提供出行前与出行中的实时交通信息，如实时路况、交通管制信息、交通事件事故、气象信息等，方便出行者进行出行规划。

③手机用户信息反馈。对用户对手机平台的服务信息的满意度等反馈信息进行统计，以提高服务质量。

3)数据需求

基于手机的信息互动服务系统的功能需求决定其对数据的需求，如表 4-4 所示。

基于手机的信息互动服务系统数据需求 表 4-4

数 据 项	数据内容	数据更新周期
高速公路 GIS 基础信息	路段基本信息、桥梁基本信息、隧道基本信息、收费站基本信息、服务区节点信息、出入口节点信息、苏通卡服务信息	3 个月
交通运行信息	路段位置信息、平均车速、交通流量、车辆类型	<5 分钟
交通事件信息	事件类型、事件发生时间、事件发现时间、事件结束时间、事件起讫地点	<5 分钟
施工养护信息	施工养护单位、施工养护开始时间、施工养护持续时间、施工养护影响、施工养护起讫地点	<5 分钟
交通事故信息	事故发生时间、事故发现时间、事故结束时间、事故起讫地点、事故类型、事故级别、事故影响	<5 分钟
交通管制信息	起止时间、位置、影响车道数、预计处理时间、建议绕行路线	<5 分钟
气象信息	实时气象信息、气象预警信息	<5 分钟

4.4.4 基于网站的信息服务系统

1)整体需求

基于网站的信息服务系统需通过Web、WAP、微博等方式与用户进行信息交互，导入用户对信息的需求情况，根据需求进行公众服务数据库的原始数据接入、组织和管理，并通过网站向用户呈现。

2)功能需求

基于网站的信息服务系统的功能需求包括以下三个方面：

①信息接入与处理。基于网站的信息服务系统从公众服务平台接入所需信息，并对其进行处理，生成用户请求的路径导航信息、实时路况信息等。

②综合出行信息发布。基于网站的信息服务系统利用现有的wap.js96777.com网站、www.js96777.com网站、微博等多种互动平台以文字、图像、视频、音频等形式向出行者提供综合出行信息服务，及时发布重要路况、交通事件事故、道路施工养护、气象信息等交通实时信息，以便出行者进行出行规划。

③高速公路出行者反馈统计。为提高网站服务质量，需要对用户反馈信息进行统计和分析，增加对用户需求的实时掌握程度，提高网站的用户满意度。

3)数据需求

基于网站的信息服务系统的功能需求决定其对数据的需求，如表4-5所示。

基于网站的信息服务系统数据需求　　表4-5

数据项	数据内容	数据更新周期
高速公路GIS基础信息	路段基本信息、桥梁基本信息、隧道基本信息、收费站基本信息、服务区节点信息、出入口节点信息、苏通卡服务信息	3个月
交通运行信息	路段位置信息、平均车速、交通流量、车辆类型	<5分钟
交通事件信息	事件类型、事件发生时间、事件发现时间、事件结束时间、事件起讫地点	<5分钟
施工养护信息	施工养护单位、施工养护开始时间、施工养护持续时间、施工养护影响、施工养护起讫地点	<5分钟
交通事故信息	事故发生时间、事故发现时间、事故结束时间、事故起讫地点、事故类型、事故级别、事故影响	<5分钟
交通管制信息	起止时间、位置、影响车道数、预计处理时间、建议绕行路线	<5分钟
气象信息	实时气象信息、气象预警信息	<5分钟

5

江苏省智慧高速公路公众服务平台设计

公众服务平台设计是公众服务平台建设实施的前提与关键。江苏省智慧高速公路公众服务平台设计在设计理念上满足平台需求、兼顾各系统平衡、注重平台间的融合，同时在设计方法上侧重系统功能的最优，能够从公众角度出发，注重数据录入、输出的一致性，从整体上满足江苏省高速公路公众服务平台的需求。本章将从实践的角度，以江苏省智慧高速公路公众服务平台为例，对其设计目标、思路、原则、组成、架构以及各业务子系统的架构、模型、功能、软硬件技术要求、性能要求等关键设计内容进行系统阐述。

5.1 平台总体设计

5.1.1 设计目标

根据江苏省高速公路公众出行信息服务系统现状、资源现状以及公众服务需求等，对公众服务平台及其附属服务信息管理系统、卫星定位交通诱导系统、基于手机的信息互动服务系统、基于网站的信息服务系统的系统架构、系统功能、系统结构、软硬件等方面进行系统设计，设计出一套能够为公众提供便捷、有效、及时的出行信息服务的智慧高速公路公众服务平台。

5.1.2 设计思路

为保障信息服务内容的一致性、开放性和可扩展性，江苏省智慧高速公路公众服务平台的主要设计思路为：在原有服务方式的基础上，建设公众服务平台，实现出行信息的统一接入、统一描述和通用信息的统一处理，形成适用于多种服务方式的标准化产品；在公众服务平台上开展卫星定位交通诱导系统、基于手机的信息互动服务系统以及基于网站的信息服务系统等业务系统设计。

5.1.3 设计原则

江苏省智慧高速公路公众服务平台的主要设计原则包括可持续发展原则、先进性与实用性相结合原则、开放性原则、安全性原则以及可靠性原则。

1) 可持续发展原则

公众服务平台是一个随着信息技术的发展逐步扩展的平台，在设计上应考虑使其具有良好的可扩展性和层次性，使其具有可持续发展的能力，避免由于今后的扩展而导致系统的重构，造成资源的浪费。

2) 先进性与实用性相结合原则

公众服务平台应具有先进的设计理念，同时须切合实际应用需求，在满足实际应用需求的基础上进行方案设计，选择性价比较高的技术与解决方案，使系统在整个生命周期中发挥最大效益。

3) 开放性原则

公众服务平台的设计应遵循开放性原则，便于集成各种最新硬件与软件技术，使平台的设计达到较高的技术水平。

4) 安全性原则

公众服务平台面对的对象是社会公众，部分网络环境为互联网环境，因此在进行服务平台设计时，要把系统的安全性放在重要位置进行考虑。

5) 可靠性原则

公众服务平台面向的对象是社会公众，要求能够实现全天候的信息访问，系统应保证较高的可靠性。

5.1.4 公众服务平台组成

为实现出行信息的接入与描述、通用信息的处理以及满足公众对出行前、出行中信息服务的要求，公众服务平台由服务信息管理系统、卫星定位交通诱导系统、基于手机的信息互动服务系统、基于网站的信息服务系统等业务系统组成。

5.1.5 公众服务平台逻辑架构

公众服务平台总体逻辑架构如图 5-1 所示。

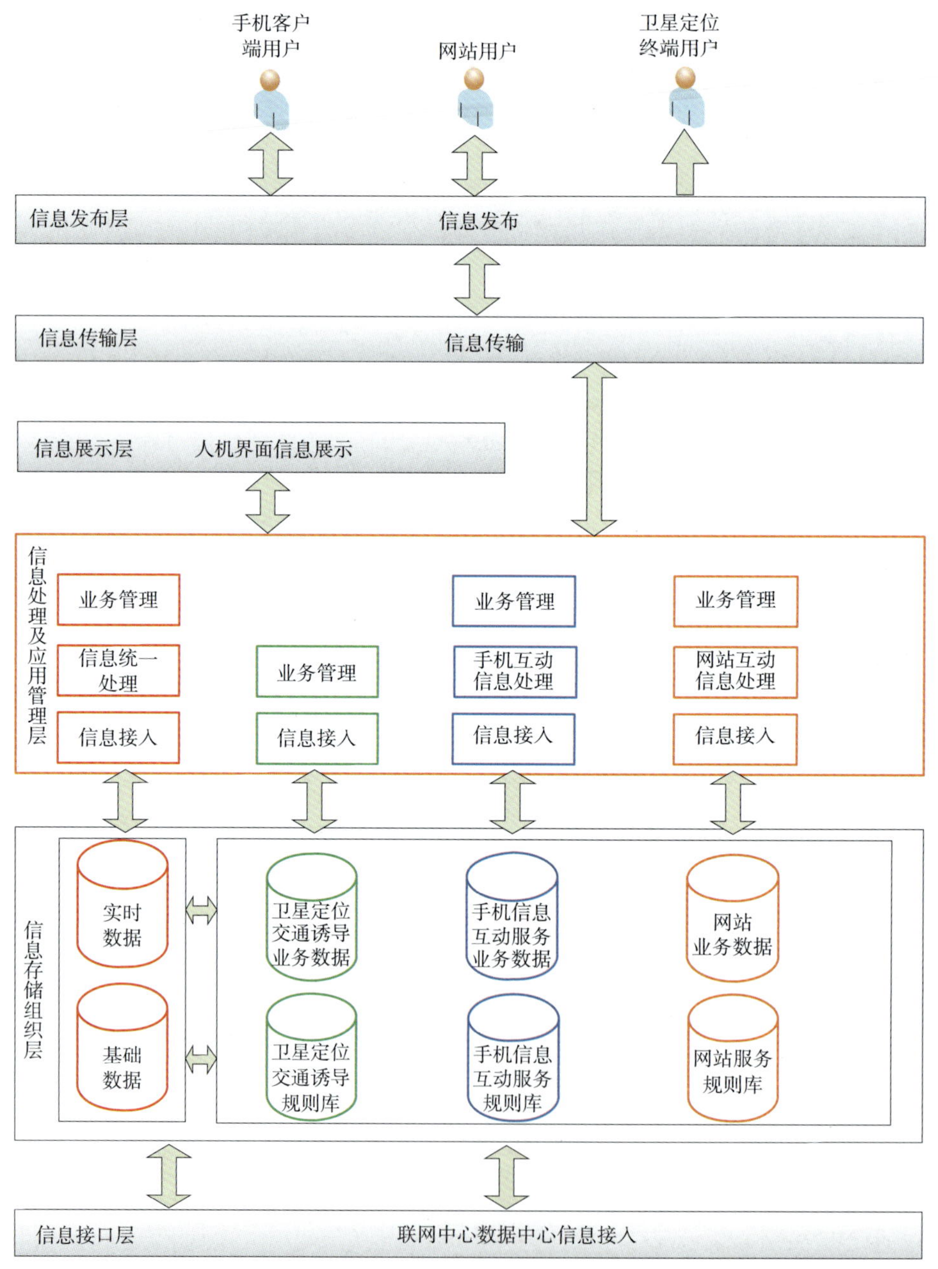

图 5-1 公众服务平台总体架构

公众服务平台总体逻辑架构分为以下六层：

①信息接口层。

信息接口层的功能是实现数据中心的数据输入及输出。

②信息存储组织层。

信息存储组织层是公众服务平台所有服务数据的存储层。接入的数据中心的数据在该层根据业务规则库的规则，实现信息的服务标准化处理。处理后的数据存入各自的业务数据库中。

③信息处理及应用管理层。

信息处理及应用管理层是服务的处理与管理层，在该层实现各服务所需信息的处理，包括形式的处理，如将数据文本转变为图形、语音等形式。同时各种服务方式的管理也在该层实现。

④信息展示层。

信息展示层用于实现业务管理所需的人机界面展示。

⑤信息传输层。

信息传输层用于实现信息的对外传输和网站、手机等信息交互的信息输入。

⑥信息发布层。

信息发布层用于实现各种形式信息的发布业务，对于网站和手机业务则是对公众的页面展示。

5.1.6 公众服务平台物理架构

公众服务平台的物理架构如图 5-2 所示。

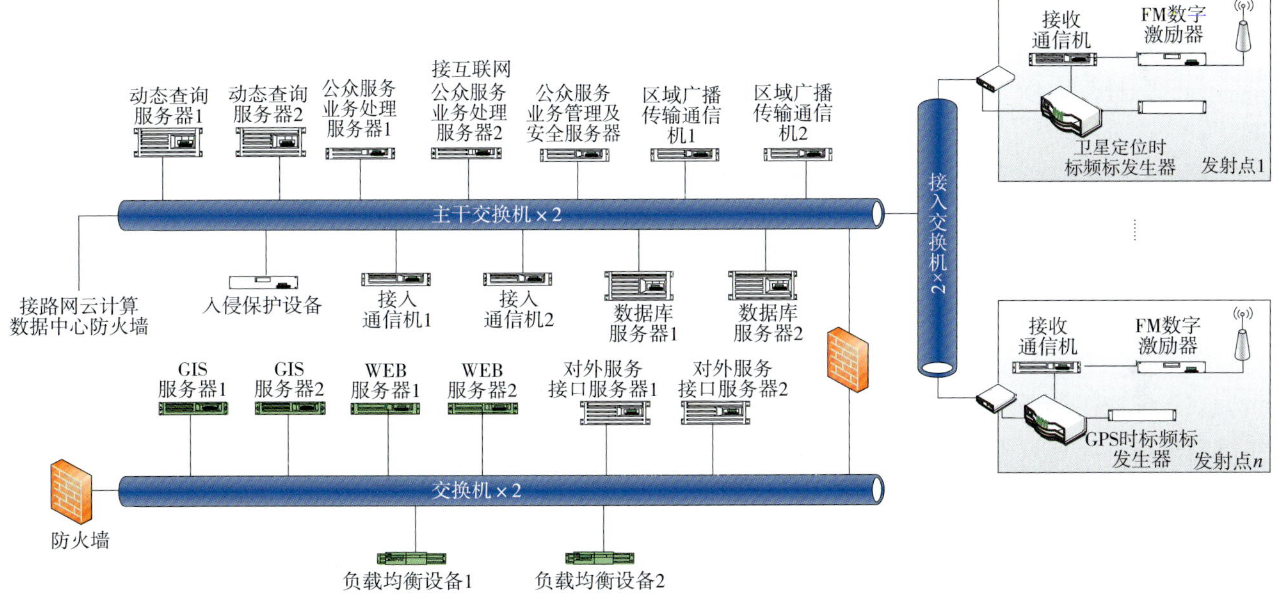

图 5-2 公众服务平台物理架构

信息接入方面，公众服务平台的计算机系统通过内网与数据中心计算机系统关联。对外服务方面，卫星定位交通诱导系统通过互联网与信息服务商进行联系，由信息服务商通过移动网络发布高速公路实时交通信息；基于手机的信息互动服务系统及基于网站的信息服务系统通过互联网与手机和电脑终端进行信息查询和信息交互。

5.1.7 公众服务平台数据流程

公众服务平台数据流架构如图 5-3 所示，由数据中心将公众出行服务所需的基础数据及实时数据接入公众服务平台，经服务信息管理系统与各个服务系统进行处理后，分别形成服务通用信息及适合各服务系统应用的业务数据，之后通过各个服务系统进行信息发布。

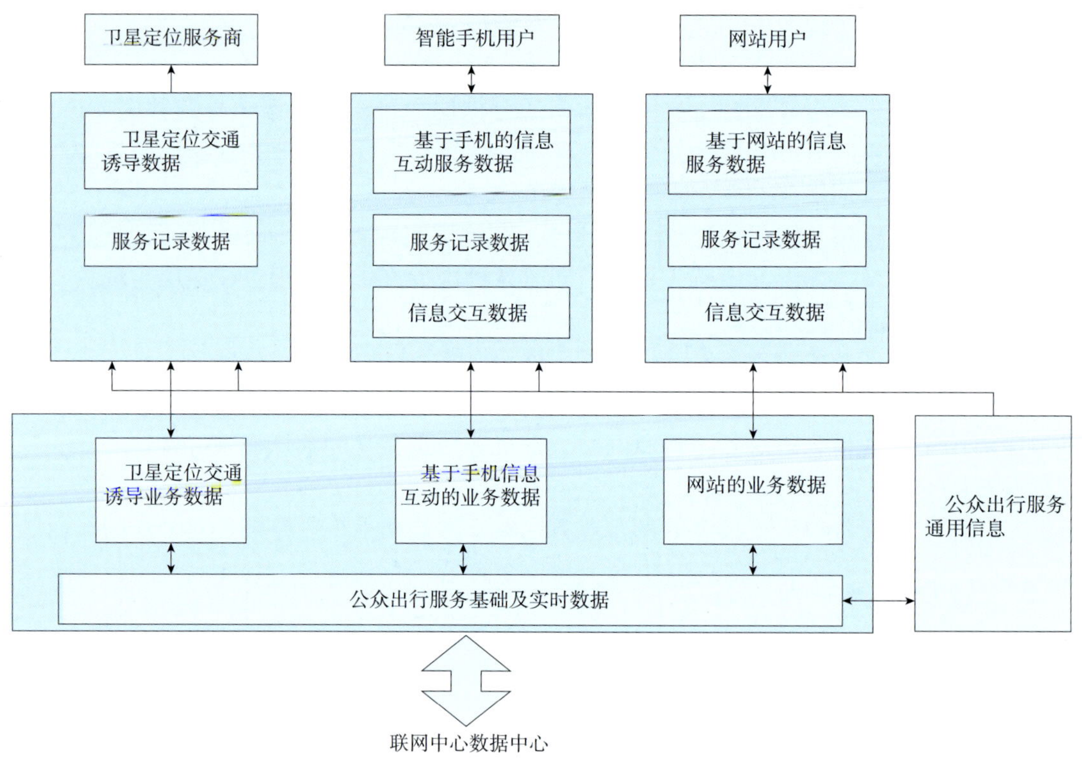

图 5-3　公众服务平台数据流架构

5.2　服务信息管理系统设计

5.2.1　系统描述

服务信息管理系统是公众服务平台承担数据接入存储、通用数据处理和分发功能的系统。该系统由公众服务应用数据库、多种服务所需公共信息生产模块、通用信息管理模块等组成。服务信息管理系统应用数据库通过接口程序接入数据中心存储的公众出行服务所需实时交通数据，经过处理和组织后，整理出符合公众出行信息服务标准且适用于卫星定位交通诱导服务、手机交互服务、网站服务等公用的交通实时数据和交通状态图等通用信息，最后经过标准数据组织接口分发给各服务应用系统。

5.2.2　系统物理架构

服务信息管理系统的物理架构如图 5-4 所示。

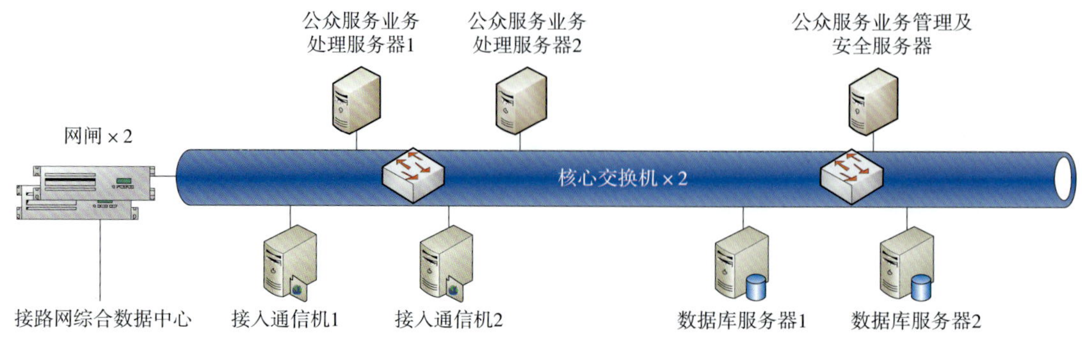

图 5-4　服务信息管理系统物理架构图

5.2.3 业务模型

服务信息管理系统作为公众服务应用平台的应用数据库，通过分析公众服务平台其他子系统的需求，与数据中心对接，获取公众服务平台其他子系统所需数据，对数据进行组织后输出给各子系统，同时将各子系统的反馈信息输出到数据中心。根据上述业务分析，服务信息管理系统的业务模型可分为数据接入、数据组织处理与数据输出三个部分。

1）数据接入

作为其他子系统的应用数据库，服务信息管理系统减少了服务系统与数据中心的并发交互数量。服务系统将因用户请求而产生的需求与各子系统的反馈数据发送给服务信息管理系统。

2）数据组织处理

作为公众服务平台其他子系统的支撑系统，并承担联系各子系统与数据中心的数据中介功能，服务信息管理系统需要对接入的通用数据进行组织与处理。同时，对于非标准化数据，需要根据通用服务数据标准进行标准化。

3）数据输出

数据输出阶段将标准化后的通用数据接入并进行处理，最终输出为服务所需的通用信息，如高速公路路网交通状态图、路段交通状态图等形式。

服务信息管理系统的运行流程如图 5-5 所示。

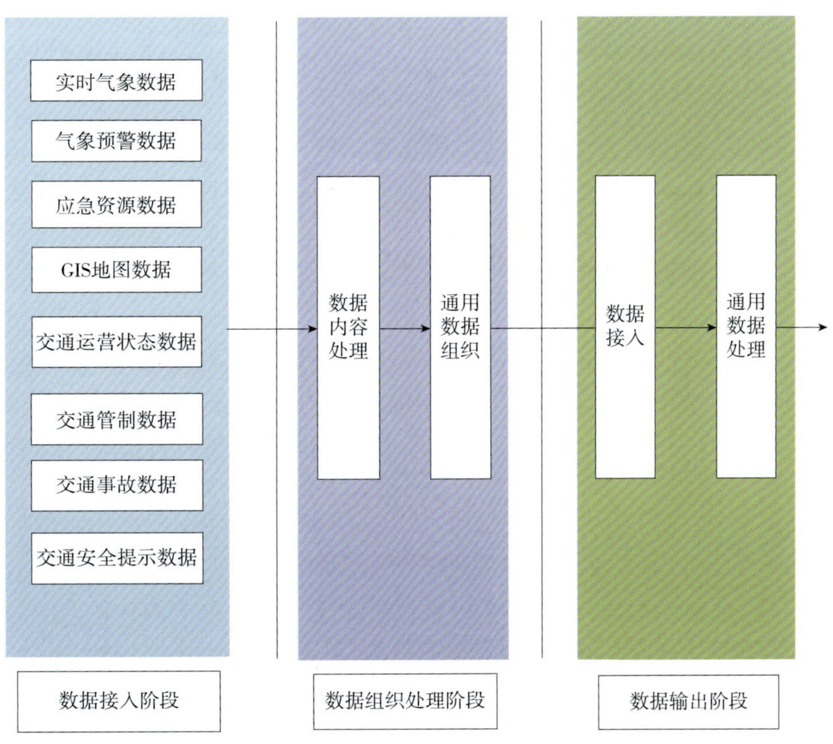

图 5-5 服务信息管理系统运行流程图

5.2.4 系统功能

服务信息管理系统与数据中心进行实时交通数据共享，对数据进行处理和组织，将高速公路运行信息、运营信息、气象信息、道路养护信息、交通管制信息等信息经过标准数据组织接口输出给公众服务平台各业务系统，为交通出行者提供综合交通出行信息服务。系统总体功能主要有以下三部分：

1）数据接入

根据公众服务平台各系统的数据请求从数据中心接入数据，根据反馈请求接入反馈数据。

2）数据组织处理

对接入数据按照通用信息的规则进行合理组织与处理，生成可供所有服务系统使用的通用信息。

3）数据输出

将接入的数据根据组织处理结果以适当形式进行输出。

5.2.5 软硬件技术要求

服务信息管理系统软硬件建设主要包括数据库构建、数据组织与管理、数据库系统性能调整与优化、数据库系统备份与恢复、硬件及支撑性软件搭建等。

1）操作系统软件

操作系统软件的选择与应用软件甚至整个系统的可靠性、运行效率等性能密切相关，除应满足信息处理、存储和信息交换的要求外，还需满足统计、分析等管理需求，同时还应考虑系统造价的相关要求。公众服务平台所使用的操作系统应满足实时多任务多用户环境，对不同要求的实时任务，提供不同的执行优先级，同时提供网络管理功能，如系统备份、数据安全、容错和性能控制等。操作系统应支持服务器集群、SMP 技术及各种网络资源的共享，并为不同用户的资源共享规定权限，提供通信网络管理的接口。还应具有良好的用户界面与多窗口、菜单、命令等多种控制方式，提供多种网络规程支持与开放的程序设计接口。在服务信息管理系统中，数据库服务器宜运行 UNIX 操作系统，为确保数据库的稳定运行，各应用服务器宜运行 Linux 系统以提高可靠性。

2）数据库

由于公众服务平台是一个围绕数据资源进行信息提供的专业平台，对存储量的要求不高，但对存储管理的数据种类和数据库运行的频度要求非常高，而且要求有较好的实时性，所以需针对该要求建设一套完整的数据库管理系统，以支持各种应用软件对数据库的访问和数据存取。目前可选择的数据库管理软件不多，对于大型数据库管理建议选用 Oracle，并配置 RAC 进行负载平衡。

3）防病毒软件

网络防病毒软件具有实时防治病毒、病毒检测、定时扫描、远程自动安装、集中网络管理、报警等功能。为了确保系统稳定运行，需在平台内配置一套完善的防病毒体系，采用服务器/客户端构架，实时保护服务器、网关服务器及客户端，防止各种引导型病毒、文件型病毒、宏病毒、蠕虫病毒等进入系统网络。

5.2.6 性能要求

服务信息管理系统一般需达到以下性能要求：

①系统 MTBF 大于 10000 小时，MTTR 不大于 2 小时。

②系统支持并发用户数大于 100 人。

③百万数据量，检索客户端响应时间≤1 秒。

④百万目录数据量（带全文），检索客户端响应时间≤2 秒。

⑤每天自动一次增量存储备份，每周自动一次全量存储备份，支持手工备份。

⑥支持在线备份与恢复。

5.2.7 其他要求

1）通信要求

服务信息管理系统的通信要求主要涉及数据中心与公众服务平台的通信，采用内网通过通信机进行信息的输入与输出。

2) 数据接口

公众服务平台应采用与数据中心统一的数据接口。该接口根据公众服务平台与数据中心的约定，将公众服务平台订阅的信息接入到公众服务平台，同时将公众服务平台产生的数据中心所需数据输出到数据中心。通用信息处理及管理模块与公众服务平台数据库的接口应能够将组织好的通用信息从数据库中读取出来，用于后续信息处理，同时可将录入与编辑后的信息输入到数据库。

5.3 卫星定位交通诱导系统设计

5.3.1 系统描述

基于卫星定位的交通诱导系统是面向车载导航运营商提供实时交通信息的系统。该系统根据运营商的服务要求，为其组织所需的高速公路实时路况信息，并通过标准接口将信息发送给运营商。

5.3.2 系统物理架构要求

卫星定位交通诱导系统的物理架构如图 5-6 所示。

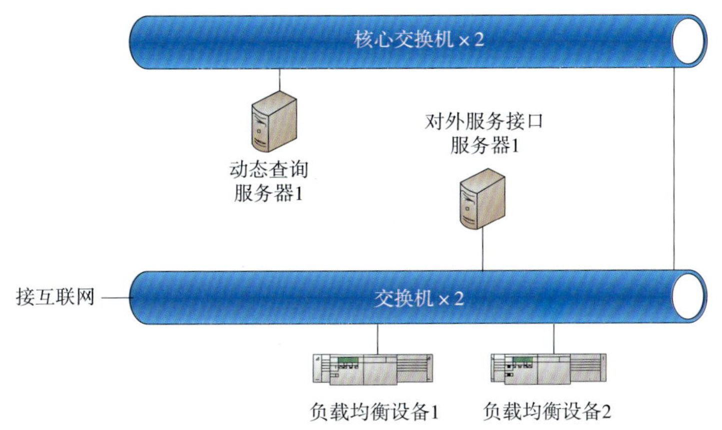

图 5-6　卫星定位交通诱导系统物理架构图

5.3.3 业务模型

基于卫星定位的交通诱导系统业务模型分为数据接入、数据处理与组织、信息发布三阶段，其运行流程如图 5-7 所示。

5.3.4 系统功能

卫星定位交通诱导系统要求具有以下功能模块：

1) 卫星定位交通诱导信息组织规则库

卫星定位交通诱导信息组织规则库的功能为通过对卫星定位交通诱导服务方式进行需求分析，并根据诱导信息的位置描述规则，建立服务通用信息组织规则库，实现交通诱导信息组织。其功能如图 5-8 所示。

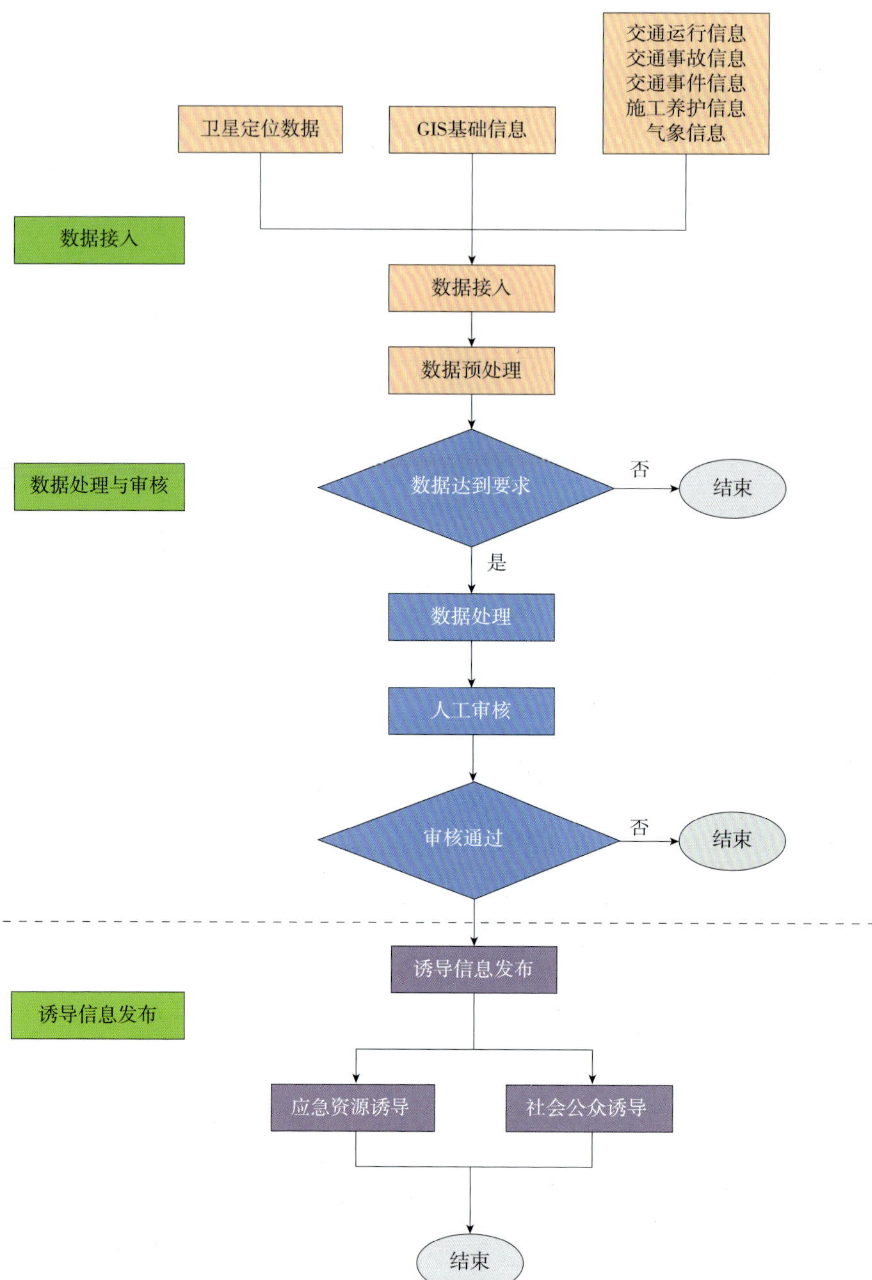

图 5-7 卫星定位交通诱导系统运行流程图

2）服务信息管理功能

服务信息管理功能包括两类：一类是实现接口调用信息的管理，记录信息的接入及输出性能、成功率等，统计各厂商调用记录；另一类是实现接口传输对象配置，配置每个服务对象的信息内容、传输周期、每周期访问用户数等。

3）人机界面展示功能

人机界面展示功能用于实现服务信息管理人员的操作界面。

5.3.5 应用展示要求

卫星定位交通诱导系统应用展示要求可参照表 5-1。

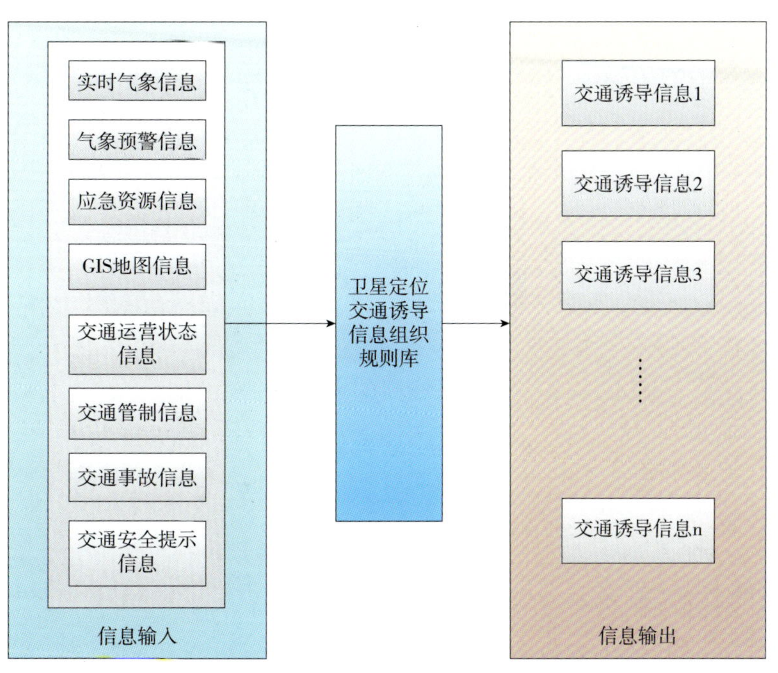

图 5-8 卫星定位交通诱导信息组织规则库功能

卫星定位交通诱导系统应用展示要求表 表 5-1

功能编号	功能名称	功能描述
F1	导航运营商基本信息管理	针对提供数据的导航运营商进行基本信息管理，包括运营商名称、归属地、提供数据开始时间及时长
F2	导航运营商数据源获取申请及审批管理	针对运营商数据提供情况进行申请及审批，通过审批流程以及批复记录完成数据提供申请
F3	导航运营商接口管理	对数据接口进行管理，包括数据接口 IP、用户名及密码管理
F4	导航运营商接口数据统计	对提供数据进行有效统计及记录
F4_ 1	周期统计	对接口数据周期进行统计
F4_ 2	数据量统计	对接口数据量进行统计

卫星定位交通诱导系统的基础信息管理及系统界面示例如图 5-9 及图 5-10 所示。

图 5-9 卫星定位交通诱导系统基础信息管理界面示例图

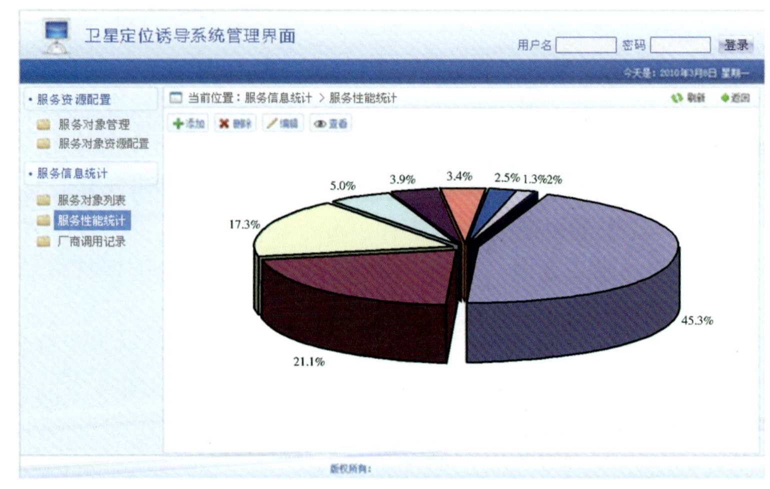

图 5-10　系统界面示例图

5.3.6　软硬件技术要求

卫星定位交通诱导系统具体的软硬件技术要求如下：

1）操作系统软件

所采用的操作系统软件与应用软件须保证整个系统的可靠性、运行效率和性能要求，除应满足信息处理、存储和信息交换的要求外，还需满足统计、分析等管理需求并考虑系统造价因素。卫星定位交通诱导系统所采用的操作系统应满足实时多任务多用户环境，对不同的实时要求任务，提供不同的执行优先级，并提供系统备份、数据安全、容错和性能控制等网络管理功能。支持服务器集群、SMP 技术以及各种网络资源的共享，能为不同用户的资源共享规定权限，并提供与通信网络管理的接口、多种网络规程支持与开放的程序设计接口。除此之外还应具有良好的用户界面及多窗口、菜单、命令等多种控制方式。

目前，主流操作系统有 Window 系列、Unix 和 Linux。Unix 功能强大而稳定，但部分关键软件不公开、操作复杂、维护人工成本高、应用软件开发难度大；Window 系列价格较低、易操作、操作维护人员费用低、应用程序和开发工具多、熟悉系统的开发人员多，但是专有软件全部不公开、系统开销大、稳定性一般，具有病毒泛滥、系统漏洞较多、安全性较差等缺点；Linux 源码公开、价格低廉、性能较好、系统整体性能较好，但应用程序少、硬件支持少、管理程序支持少、系统维护方面的人员较少、维护费用相对较高。综合考虑，建议在卫星定位交通诱导系统应用服务器中采用 Linux 系统。

2）防病毒软件

网络防病毒软件具有实时防治病毒、病毒检测、定时扫描、远程自动安装、集中网络管理、报警等功能。为确保系统稳定运行，平台内需配置一套比较完善的防病毒体系，采用服务器/客户端构架，实时保护服务器、网关服务器及客户端，防止各种引导型病毒、文件型病毒、宏病毒、蠕虫病毒等进入系统网络。

5.3.7　性能要求

卫星定位交通诱导系统一般需达到以下性能要求：

①系统 MTBF 大于 10000 小时，MTTR 不大于 2 小时。

②百万数据量，检索客户端响应时间≤1 秒。

③百万目录数据量（带全文），检索客户端响应时间≤2 秒。

④安全性。保证输入、输出数据的安全性，通过防火墙制定严格的访问控制策略，并通过安全认证接口保证数据接口安全性。

⑤可管理性。友好的管理界面，可通过简单配置操作增删交通诱导信息发布端口；提供完善的监控功能，对软硬件可用性与性能进行监控；合理分配 CPU、内存等资源。

⑥可移植性。具有极强跨平台性，与任何异构系统实现无缝集成，为后续扩展与升级提供良好的支持。

⑦可维护性。整个系统的重要参数均在后台管理系统中进行配置，并有相应的操作说明，使得整个平台运行更加灵活与稳健，便于系统管理员进行日常维护工作。

5.4 基于手机的信息互动服务系统设计

5.4.1 系统描述

基于手机的信息互动服务系统是向智能手机用户提供高速公路出行应用软件服务的系统。该系统由中心端和客户端两部分组成。通过开发界面友好的智能手机客户端供用户下载，实现在中心端支撑客户端的高速公路基础及实时信息查询、气象信息的查询和发布、客户端基于位置的高速公路实时交通信息导航服务及用户与数据中心的信息交互服务等功能。

5.4.2 系统物理架构

基于手机的信息互动服务系统的物理架构如图 5-11 所示。

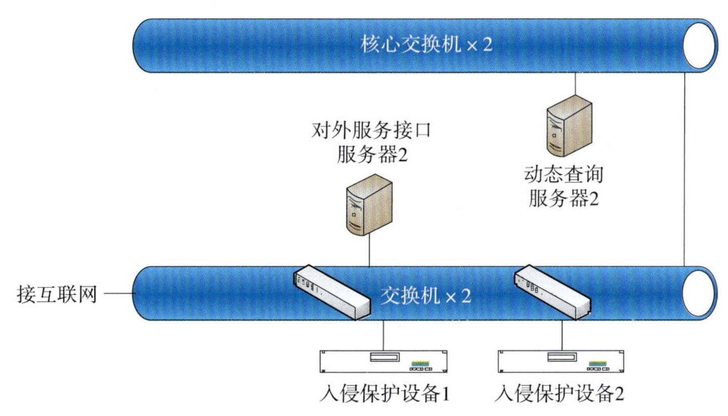

图 5-11　基于手机的信息互动服务系统物理架构图

5.4.3 业务模型

基于手机的信息互动服务系统，可提供三种不同服务功能的业务类型，具体的业务模型如下：

1) 客户端信息查询服务

客户端信息查询服务包括本地信息查询、通用实时信息查询以及基于位置的信息查询三种。其中，本地信息查询是指用户通过客户端中存储的信息在本地进行高速公路基本信息的查询；通用实时信息查询是指用户通过手机客户端界面，查询动态的交通信息；基于位置的信息查询是指用户通过手机客户端界面，基于所在位置查询最优路径、最近服务设施等信息。客户端信息查询服务流程如图 5-12 所示。

2)导航服务

用户通过客户端输入起点和终点(起点可为收费站或者高速公路服务区),并选择最短路径或最优路径模式,由中心端在每个节点进行路径计算,下发最优路径数据给客户端,用户根据导航数据指引到达目的地,完成导航。导航服务的流程如图5-13所示。

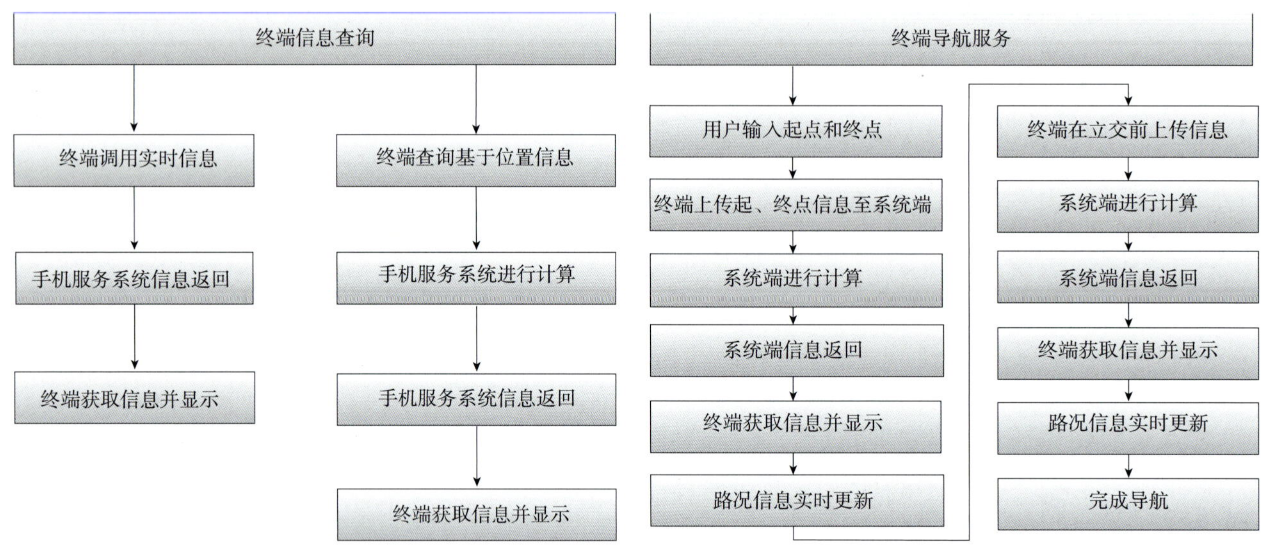

图5-12 基于手机的信息互动服务系统客户端信息查询服务流程图

图5-13 基于手机的信息互动服务系统导航服务流程图

3)信息上报

用户利用手机客户端中的信息上报界面,将发现的交通路况和事件等信息或对高速公路经营管理单位的投诉信息、照片进行上报。系统收集到上报信息后,通过各种手段对信息进行确认,并将处理的结果信息反馈给用户。信息上报功能服务流程如图5-14所示。

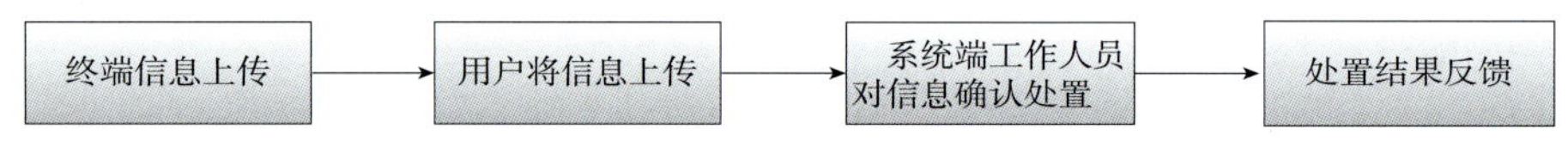

图5-14 基于手机的信息互动服务系统信息上报流程图

5.4.4 系统功能

基于手机的信息互动服务系统以手机作为发布工具,通过智能手机客户端,与用户充分交流服务请求并通过多元化的表现形式向用户展现所需的信息服务。手机用户可以通过客户端应用程序获取基础交通出行信息,也可获取实时动态的信息服务。用户可以凭借客户端应用程序动态选择最快或最经济的路径,避开事故、管制、拥堵、施工等不利于通行的路段。此外还可利用应用程序实现信息上报功能,实现高速公路经营管理单位与公众互动,提高信息发现的及时性和准确性,实现移动终端应急采集发布功能。基于智能手机的现场信息传输方案,避免了架设传输网络和摄像机的过程,费用低、反应快,能够通过一定方式吸引智能手机用户使用该交通服务。其系统功能要求如下:

1)服务范围全程化

系统以手机作为信息服务的媒介,只要出行者持有具备特定操作系统的智能手机并下载安装应用程序,就可以实现全天候信息查询,进入全省高速公路路网内即可使用该系统提供的实时动态诱导服务。

2)服务内容个性化

通过客户端,用户可以便捷地选择出入口收费站,系统可动态地为用户提供最短和最优路径的导航服务。

3）界面展示多元化

将客户端应用程序的导航功能进行模块化，用户可根据自身的需要选择图形展示、语音提示等多元化的信息展示方式。

4）功能集成化

客户端应用程序集手机网站信息查询、卫星定位动态导航功能、信息上传功能于一体，覆盖出行前信息查询、出行中动态导航、出行后服务评价的出行全过程。

5.4.5 应用展示要求

基于手机的信息互动服务系统的展示要求可参照表5-2。

应用展示要求表　　表5-2

功能编号	功 能 名 称	功 能 描 述
F1	高速公路路径查询	对高速公路不同路径的出入口进行查询与展示
F2	高速公路路况查询	对高速公路路况进行查询与展示
F3	气象信息查询	对高速公路气象信息进行查询与展示
F4	服务区信息查询	对高速公路服务区信息进行查询与展示
F5	加油站信息查询	对高速公路加油站信息进行查询与展示
F6	导航	基于手机的路径导航功能的查询与展示功能

基于手机的信息互动服务系统的客户端主界面如图5-15所示。

系统应用展示各项功能，如实时周边路况、全部路况、路径查询、交通天气等功能示例分别如图5-16～图5-19所示。

图5-15　手机客户端主界面示例图

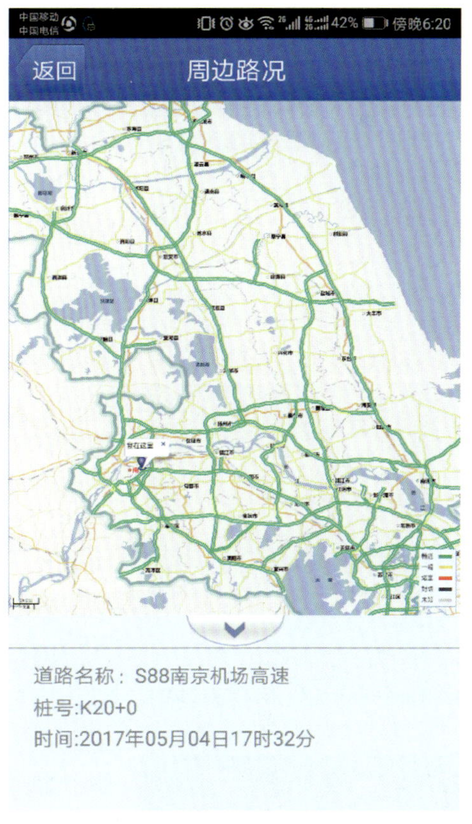

图5-16　手机客户端实时周边路况界面示例图

图 5-17　手机客户端全部路况界面示例图

图 5-18　手机客户端路径查询界面示例图

图 5-19　手机客户端交通天气界面示例图

5.4.6　软硬件技术要求

基于手机的信息互动服务系统的软硬件技术要求具体如下：

1）操作系统软件

设计采用的操作系统软件与应用软件应保证整个系统的可靠性，除应满足信息处理、存储和信息交换等要求外，还需要满足统计、分析等管理需求并考虑系统造价因素。手机信息互动服务系统所采用的操作系统应满足实时多任务多用户环境，对不同要求的实时任务提供不同的执行优先级并提供网络管理功能，如系统备份、数据安全、容错和性能控制等，支持服务器集群、SMP 技术及各种网络资源的共享，能为不同用户的资源共享规定权限，提供与通信网络管理的接口、多种网络规程支持、开放的程序设计接口。同时还应具有良好的用户界面与多窗口、菜单、命令等多种控制方式。

2）防病毒软件

网络防病毒软件具有实时防治病毒、病毒检测、定时扫描、远程自动安装、集中网络管理、报警等功能。为了确保系统的稳定运行，应在平台内配置一套完善的防病毒体系，采用服务器/客户端构架实时保护服务器、网关服务器及客户端，防止各种引导型病毒、文件型病毒、宏病毒、蠕虫病毒等进入系统网络。

5.4.7 性能要求

基于手机的信息互动服务系统一般需达到以下性能要求。

①异常信息(包含恶劣天气、抛洒、事故、拥堵等)发布率 100%。

②应用稳定性。应用平均无故障时间 10000 小时(即一年之内基本只会出现一次左右的服务器故障，机房正常维护或自然条件引起的服务器故障除外)。

③应用的响应速度。应用平均响应时间控制在 3 秒以内。

④易用性。整个系统严格遵循"实用、易用、好用"的原则，且各环节均配有联机帮助，通过联机帮助使操作者一目了然。

⑤友好性。整个系统的所有表单需经过精心设计，以提供良好的用户体验。

5.5 基于网站的信息服务系统设计

5.5.1 系统描述

基于网站的信息服务系统是支撑互联网网站及手机网站等出行信息服务的系统，该系统通过互联网网站和手机网站向出行者提供图形化实时交通信息服务。

5.5.2 系统物理架构

基于网站的信息服务系统的物理架构如图 5-20 所示。

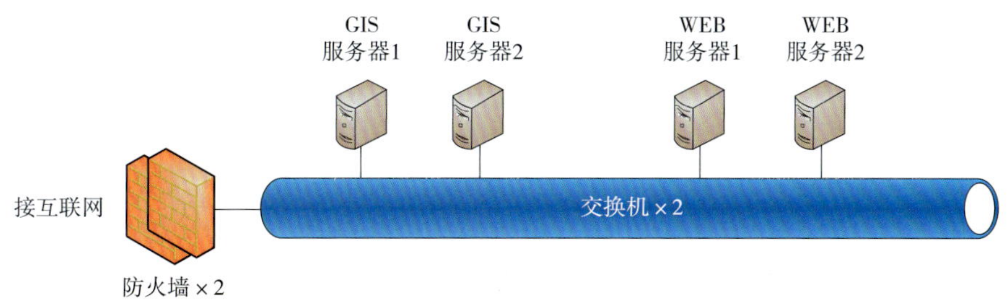

图 5-20 基于网站的信息服务系统物理架构

5.5.3 业务模型

基于网站的公众信息服务业务建立在公众服务平台之上，结合用户需求，通过文本、图形、视频等方式将用户需求信息展示给公众，为公众出行提供服务。基于网站的公众信息服务系统业务流程如图 5-21 所示。

图 5-21 基于网站的公众信息服务业务流程图

系统通过登录网站录入用户的个性化信息服务需求，包括用户所查询交通信息类别(路径信息、路况信息、服务设施信息、出行时间预测等)、用户自身情况(所处位置、行驶方向等)、用户信息展示方式需求(文本、图形、语音、视频等)，之后按照用户服务请求的要求，开展请求信息的处理并将处理完毕的服务信息通过网站界面向用户呈现。同时利用网站的意见收集栏目，获取用户评价及投诉等信息，并将处理结果及时反馈给用户。

5.5.4 系统功能

以网站为媒介的信息服务方式主要面向出行前或中途停靠过程中的用户，向出行者提供多渠道、全方位、立体化的综合出行信息服务。在对用户需求了解的基础之上，系统从数据库中提取所需数据，进行分析处理并生成处理结果，及时通过图片、视频、文本等多种方式向公众发布重要的实时路况信息(气象信息、养护信息、管制信息、路况诱导信息等)。同时高速公路出行者也可以结合自身需求，通过电脑和手机登录网站，查询交通路况信息和交通事件信息并合理规划出行路线。基于网站的信息服务系统建议具备以下功能：

1)信息接入

能够通过对网站服务方式所需信息的需求进行分析，从信息接入模块接入用户服务所需要调用的原始信息，并存入网站服务系统数据库中。同时，将服务信息管理系统产生的图形、查询表等信息通过信息接入模块存入网站对外服务的相应目录。

2)信息分类汇总组织

将接入信息按照系统数据库的分类标准进行分类汇总，归入相应的储存和处理模块。

3)面向个性化需求的信息处理

根据个性化的信息需求，对用户请求的路径导航、路况查询、服务设施查询等信息进行提取并整合成用户所需的形式，结合用户自身情况计算相关参数，辅助用户进行出行决策。

4)信息多元化发布

将整合后的信息通过互联网网站、手机网站等渠道，以文本、图像、语音等格式发布。

5)用户反馈统计

统计用户对不同类型服务的使用情况，以及用户对信息准确性、实时性等服务质量的反馈。

5.5.5 系统界面

以江苏省智慧高速公路公众服务平台中基于网站的信息服务系统为例，对互联网网站和手机网站的系统界面进行介绍。

1)互联网网站界面

江苏省智慧高速公路公众服务平台互联网网站(图5-22)界面主要设置图行江苏、实时查询、实时路况与便民查询四个版块。其中，“图行江苏”版块以地图的形式为出行者提供直观的道路网与收费站等信息(图5-23)；“实时查询”版块向出行者提供路况查询与路径查询两种功能；“实时路况”版块可即时显示道路突发事件与养护信息等路况信息；“便民查询”版块则为出行者提供服务区、收费站以及旅游等相关信息的查询服务。

2)手机网站界面

江苏省智慧高速公路公众服务平台手机网站(图5-24)界面主要设置了实时路况、路径查询、高速风采、苏通卡服务、中心要闻、关于我们六个版块。其中，“实时路况”以图片的形式展示全省高速公路的实时路况(图5-25)；“路径查询”(图5-26)用于查询收费站和服务区作为起止点的静态及动态通行路径；“高速风采”用于查询各条高速公路线路途经的收费站、城市、旅游景点等相关情况；“苏通卡服务”用于发布苏通卡相关业务公告以及相关产品的介绍、办理指南、使用说明及服务网点信息等；

“中心要闻”用于发布管理主体单位的相关新闻；“关于我们”用于介绍管理主体单位及组织机构等信息。

图 5-22　互联网网站主界面示例图

图 5-23　“图行江苏”版块界面示例图

图 5-24　手机网站主界面示例图

图 5-25　手机网站实时路况页面示例图

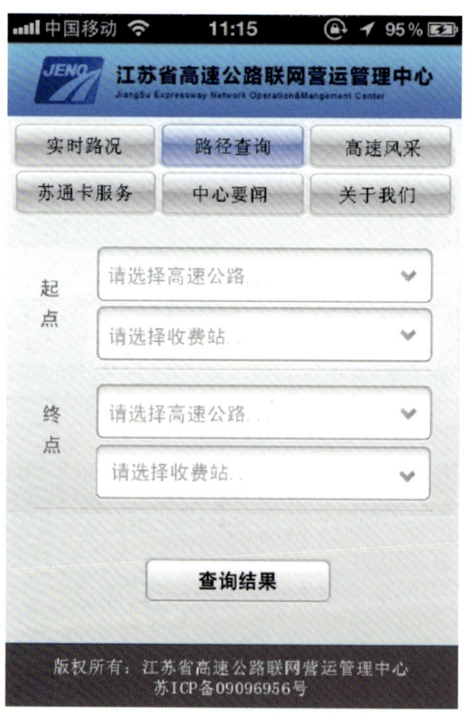

图 5-26　手机网站路径查询页面示例图

5.5.6　软硬件技术要求

基于网站的信息服务系统软硬件具体技术要求如表 5-3 所示。

软硬件技术要求表　　表 5-3

产品描述	4 个 GE 端口，4 个 Combo 端口，1 个 GE 专用管理接口
产品特性	提供扫描检测、后门(木马)检测、蠕虫检测、DoS 攻击检测、代码攻击检测等功能，可识别 30 大类、几千种入侵行为
	提供邮件、MSN 通信、实时活动会话、文件传输及服务器工作状态监控，准确掌握用户行为，及时发现网络和服务器的异常
	采用应用层分析技术，集成强大的应用协议解码器，可细粒可、完整分析各种应用协议
	提供高级协议识别技术，即使修改默认端口也可以进行正确解析
其他功能	帮助用户定位各种网络威胁，以及违反安全策略的流量，并提供翔实、有效的指导措施，进而实现防护—检测—响应一体化的解决方案
工作环境	最大功率：150W
	工作温度：0 ~ 40℃
	工作湿度：5% ~ 95%(不凝结)

5.5.7 性能要求

基于网站的信息服务系统一般需达到以下性能要求：

①异常信息(包含恶劣天气、抛洒、事故、拥堵等)发布率 100%。

②网站稳定性。网站平均无故障时间可达 10000 小时(即一年之内基本只会出现一次左右的服务器故障，机房正常维护或自然条件引起的服务器故障除外)。

③网站并发处理能力。5 万级别的并发访问，日处理访问量在 1000 万量级。

④网页响应速度。网页平均响应时间控制在 3 秒之内。

⑤易用性。整个系统严格遵循“实用、易用、好用”的原则，且任一环节均配有联机帮助，通过联机帮助使操作者一目了然。

⑥友好性。整个系统的所有表单均经过精心设计，以提供良好的用户体验。

⑦可移植性。具有极强的跨平台性，与任何异构系统实现无缝集成，为后续的扩展与升级提供良好的支持。

⑧可维护性。整个系统的重要参数均在后台管理系统中进行配置，并有相应的操作说明，使得整个平台运行更加灵活与稳健，便于系统管理员进行日常维护工作。

参 考 文 献

[1] 杨科峰. 高速公路出行信息服务系统分析与研究[D]. 西安：长安大学，2008.

[2] 袁理. ATIS 出行者信息系统相关问题研究[D]. 成都：西南交通大学，2010.

[3] Robinson E，Jacobs T，Frankle K，et al. Deployment，Use，and Effect of Real-Time Traveler Information Systems[EB/OL]. [2017-05-05]. Http：//www. trb. org/Main/Blurbs/168370. aspx.

[4] 黄绍雨. 公路出行者信息系统功能设计[D]. 南京：东南大学，2005.

[5] 白亚男. 交通信息统一发布平台的设计及关键技术研究[D]. 西安：长安大学，2015.

[6] 郑芳芳. 公众出行交通信息服务系统及关键问题研究[D]. 成都：西南交通大学，2005.

[7] 刘元. 武汉市公众出行交通信息服务系统研究[D]. 武汉：武汉理工大学，2008.

[8] 李旻. 中心城市公众出行交通动态信息采集、处理及共享技术研究[D]. 成都：西南交通大学，2006.

[9] 李晓斌. 交通出行信息服务平台及其关键技术应用研究[D]. 广州：华南理工大学，2010.

[10] Mistele B. Here and Now：How the North American Traffic Data Market Has Evolved[J]. Traffic Technology International，2007.

[11] 刘天栋，赵海娟. 美国公路 ATIS 发展历程简介及其对我国公路 ATIS 发展的启示[J]. 城市道桥与防洪，2013(4)：1-5.

[12] 中国高速公路网[EB/OL]. [2017-05-05]. http：//www. china-highway. com/

[13] 湖南省高速公路信息服务网[EB/OL]. [2017-05-05]. http：//info. hngs. net/

[14] 无锡公交[EB/OL]. [2017-05-05]. http：//www. wuxibus. com/

[15] 武汉交通出行服务网[EB/OL]. [2017-05-05]. http：//www. whjtcx. com/

[16] 360 百科. 百度地图[EB/OL]. [2017-05-05]. http：//baike. so. com/doc/1699461-1796918. html.

[17] 周莹. 手机媒体公共信息平台研究[D]. 武汉：华中科技大学，2008.

[18] 罗杰·菲德勒. 媒介形态变化：认识新媒介[M]. 华夏出版社，2000.

[19] Defleur M L，Ball-Rokeach S. Theories of Mass Communication[M]. London：Longman，1989.

[20] Rogers E M. Communication Technology：the new media in society[M]. Free Press，Collier Macmillan，1986.

[21] 交通运输部. "绿色出行畅通北京"微信公众号上线啦！[EB/OL]. (2015-03-10)[2017-05-05]. http：//news. 163. com/15/0310/16/AKC00AMU00014SEH. html.

[22] 吉林省交通运输厅. 吉林：推出公交公众出行信息服务平台 [EB/OL]. (2016-03-25)[2017-05-05]. http：//www. chinahighway. com/news/2016/1006833. php.

[23] Chen. 沪推"智慧交通"APP 出行方案一查便知晓. [EB/OL]. (2016-03-01)[2017-05-05]. http：//www. chexun. com/2016-03-01/103022832. html.

[24] 健龙. "广东交通出行"APP 昨日上线　助力春运平安出行[EB/OL]. (2016-01-28)[2017-05-05]. http：//news. sina. com. cn/o/2016-01-28/doc-ifxnzanh0177160. shtml.

[25] 顾敬岩，束明鑫，戴刚. 美国 511 出行信息服务系统介绍[J]. 中国交通信息化，2006(8)：46-49.

[26] Federal Highway Administration. 511 Travel Information Telephone Services [EB/OL]. [2017-05-05]. https：//ops. fhwa. dot. gov/511/about511/about511. html.

[27] Zavattero D，Wu W. Use of CORBA and Object Oriented Concepts in the Gary-Chicago-Milwaukee (GCM) Gateway Traveler Information System[R]. Washington，D. C.：Transportation Research Board Annual Meeting，2003.

[28] 马晓军，和林钰，施智华. 云南省综合交通信息公众服务平台设计[J]. 公路交通科技：应用技术版，2013(5)：277-281.

[29] 王刚，杜勇. 北京市公众出行交通信息服务系统的建设及工作体会[J]. 交通世界：运输车辆，2006，133(7)：59-61.

[30] 北京市交通委员会. "绿色出行畅通北京"微信公众号上线啦！[EB/OL]. (2015-03-10)[2017-05-05]. http：//www.moc.gov.cn/xinxilb/xxlb_fabu/fbpd_beijing/201503/t20150310_1787042.html.